高职高专“十三五”规划教材·财会专业

新编财务会计实训

（第3版）

赵 宇 张 瑶 周炳伟 主 编
刘 琳 桂玉敏 杨 倩 副主编

電子工業出版社
Publishing House of Electronics Industry
北京·BEIJING

内 容 简 介

本书以《中华人民共和国会计法》及中华人民共和国财政部制定的《企业会计准则（2018 年版）》为主要依据，体现了财政部、税务总局和海关总署 2019 年 3 月 20 日发布的《关于深化增值税改革有关政策的公告》（财政部 税务总局 海关总署公告 2019 年第 39 号）的重要内容和原则。本书共包括 14 个项目，分别为货币资金实训，应收及预付款项实训，存货实训，对外投资实训，固定资产实训，无形资产及其他资产实训，投资性房地产实训，非货币性资产交换实训，负债实训，借款费用实训，债务重组实训，所有者权益实训，收入、费用和利润实训，财务会计报告实训。

本书突出对财务会计理论的实际运用，旨在加强学生实际操作的能力，提高学生运用会计基本技能的水平。本书与财务会计理论教材结合使用，可使学生全面掌握财务会计理论在会计实务中的运用，实现理论与实践的零对接。

本书适合各类高等职业学院、高等专科学校、成人教育高等专科学校和本科院校的二级职业学院会计专业的学生使用，也可以供企业会计从业人员培训及各类自学者使用。

图书在版编目（CIP）数据

新编财务会计实训 / 赵宇，张瑶，周炳伟主编. —3 版. —北京：电子工业出版社，2019.6

ISBN 978-7-121-35949-1

Ⅰ. ①新… Ⅱ. ①赵… ②张… ③周… Ⅲ. ①财务会计－高等学校－教材 Ⅳ. ①F234.4

中国版本图书馆 CIP 数据核字（2019）第 011530 号

责任编辑：贾瑞敏　　特约编辑：胡伟卷　许振伍
印　　刷：涿州市京南印刷厂
装　　订：涿州市京南印刷厂
出版发行：电子工业出版社
　　　　　北京市海淀区万寿路 173 信箱　邮编 100036
开　　本：787×1 092　1/16　印张：17.5　字数：436.8 千字
版　　次：2010 年 3 月第 1 版
　　　　　2019 年 6 月第 3 版
印　　次：2019 年 6 月第 1 次印刷
印　　数：1 500 册　　定价：48.00 元

凡所购买电子工业出版社图书有缺损问题，请向购买书店调换。若书店售缺，请与本社发行部联系，联系及邮购电话：(010)88254888，88258888。

质量投诉请发邮件至 zlts@phei.com.cn，盗版侵权举报请发邮件至 dbqq@phei.com.cn。

本书咨询联系方式：电话 010-62017651；邮箱 fservice@vip.163.com；QQ 群 427695338；微信 DZFW18310186571。

前言

财务会计是现代企业的一项重要的基础性工作，它通过一系列会计程序，提供对决策有用的信息，并积极参与经营管理决策，从而提高企业经济效益，服务于市场经济的健康有序发展。随着经济的发展，企业面临的业务种类越来越多、越来越复杂，并且企业公众化的程度大大加强。这就使会计信息的使用者对信息质量提出了更高的要求，同时也对会计人员提出了更高的要求。高职会计专业的培养目标是培养我国社会主义建设所需要的具有一定政治思想觉悟，诚信、敬业的良好职业道德素质，熟悉国家的财经法规，系统掌握会计理论和会计实务的高素质技能型人才。针对以上目标，本书以企业对会计人员素质的需求为导向，以最新颁布的企业会计准则为依据，完全按照企业会计处理的流程及使用的资料来安排实训案例，达到理论与实践零对接的效果。

财务会计是操作性很强的一项工作，要做好这项工作，仅有扎实的理论知识是远远不够的，更重要的是如何将所学理论恰当地用于实践。基于这种认识，我们编写了《新编财务会计实训》。《新编财务会计实训》的作者均是教学和科研第一线的“双师型”骨干教师，具有丰富的教学和实践工作经验。

本书第 1 版于 2010 年 3 月出版，第 2 版于 2014 年 12 月出版，由于其内容的高度仿真，得到了全国多家院校财经专业师生的好评。此次第 3 版在收集了众多读者的使用意见后，在第 2 版的基础上进行了以下内容的修订，使得本书可操作性更强，更加适合学习者使用。

1. 本书以财政部颁布的《企业会计准则（2018 年版）》为主要编写依据。

2. 体现了财政部、税务总局和海关总署 2019 年 3 月 20 日发布的《关于深化增值税改革有关政策的公告》(财政部 税务总局 海关总署公告 2019 年第 39 号)的重要内容和原则。

3. 将银行业务票据、企业业务原始凭证的样式进行更新。

4. 合并各章节重复业务，使得全书更成体系。

本书在编写过程中极力做到内容简明扼要、结构安排合理。本书具有以下特点。

1. 内容新颖。本书以财政部颁布的《企业会计准则（2018 年版）》为主要编写依据，并体现了财政部、税务总局和海关总署 2019 年 3 月 20 日发布的《关于深化增值税改革有关政策的公告》（财政部 税务总局 海关总署公告 2019 年第 39 号）的重要内容和原则。本书的银行票据样式为现在正在使用的银行票据凭证。此外，编者走访了多家金融机构，收集了大量结算业务凭证供学生参考。

2. 校企联合，案例真实。在编写过程中，编者走访了多家企业及金融机构，收集了企业大量真实的业务案例引入教材，以实例揭示现代企业会计在工作中可能遇到的各类问题，供学生借鉴。本书全部案例由企业高级财务人员进行审核，确保书中案例与企业真实业务相吻合。

3．形式仿真。本书以账簿的形式反映期初余额，以原始凭证的形式反映经济业务，而不是以文字的形式反映相关信息。这样的形式完全符合企业工作的实际情况，能够帮助学生认知真实的企业。

4．操作性强。本书理论知识深度适中，实务操作性强，更适用于高职层次的学生，能够满足对高职学生的培养要求，即理论够用，注重能力培养。

5．辅助材料丰富。本书配有详细的电子参考答案（包括业务描述、业务分录、记账凭证、会计账簿、会计报表）、电子课件，凡使用本书作为教材的教师均可向出版社索取，具体方法参见书后教学资源索取表。

6．适用面广。本书适合各类高等职业学院、高等专科学校、成人教育高等专科学校和本科院校二级职业学院会计专业的学生使用，也可供企业会计从业人员的培训及各类自学者使用。

本书由天津科技大学赵宇、张瑶，广东女子职业技术学院周炳伟担任主编；北京农业职业学院刘琳、广东机电职业技术学院桂玉敏、天津科技大学杨倩担任副主编；参与编写的还有天津科技大学魏静、李金茹、刘悦。本书由企业财务人员沙可担任主审。全书由赵宇提出编写大纲，并负责全书初稿的修改，张瑶负责全书文字的修改、润色。沙可负责全书案例的审核、校对。具体编写分工为：项目 1、项目 11 由杨倩编写；项目 2、项目 13、项目 14 由赵宇编写；项目 3 由刘琳编写；项目 4 由魏静编写；项目 5 由周炳伟编写；项目 12 由桂玉敏编写；项目 6、项目 7 由李金茹编写；项目 8 由刘悦编写；项目 9、项目 10 由张瑶编写。

本书在编写过程中参阅了大量同类教材，走访了多家企业，得到了多家企业和其他教师的支持和帮助，特别得到了电子工业出版社的大力支持与帮助，在此一并表示感谢！

尽管我们为编写本书付出了很多努力，但由于理论水平和实践经验有限，加之时间仓促，书中难免有错漏之处，恳切希望广大读者批评指正，以便修正完善。

编　者

目　录

项目 1

货币资金实训

实训目标

- 能对库存现金业务进行会计核算及账务处理。
- 能对银行存款业务进行会计核算及账务处理。
- 能对其他货币资金业务进行会计核算及账务处理。

任务 1　库存现金实训

案例 1-1　天津滨海股份有限公司库存现金有关资料如下。

期初余额

现金日记账期初余额如账 1-1 所示。

账 1-1

科目名称　库存现金

2019年		记账凭证	摘要	对方科目	借方											贷方											借或贷	余额										
月	日	字号			亿	千	百	十	万	千	百	十	元	角	分	亿	千	百	十	万	千	百	十	元	角	分		亿	千	百	十	万	千	百	十	元	角	分
12	1		期初余额																								借						2	0	0	0	0	0

业务原始凭证

库存现金 2019 年 12 月经济业务原始凭证如原凭 1-1 至原凭 1-3 所示。

实训要求

1. 准备记账凭证 5 张、库存现金日记账 1 张。
2. 根据业务原始凭证编制记账凭证。
3. 根据记账凭证登记库存现金日记账。

原凭 1-1

中国工商银行
现金支票存根
20112345
87654321

附加信息

出票日期：2019年12月01日

收款人：杨晓

金　额：¥1000.00

用　途：发放工资

单位主管　　会计

付款期限自出票之日起十天

中国工商银行　现金支票

20112345
87654321

出票日期（大写）贰零壹玖年壹拾贰月零壹日　付款行名称：工行天津市滨海支行

收款人：天津滨海股份有限公司　出票人账号：2016000020203456789

人民币（大写）	亿	千	百	十	万	千	百	十	元	角	分
壹仟元整					¥	1	0	0	0	0	0

用途发放工资　　密码

上列款项请从

我账户内支付

出票人签章

天津滨海股份有限公司 财务专用章　张达宏印

复核　　记账

原凭 1-2

天津滨海股份有限公司现金盘点表

2019年12月08日

清查项目	单位	账存数			实存数			溢缺数		原因
		数量	单价	金额	数量	单价	金额	溢余	短缺	
现金	元			2850			2670		180	工作差错
审批意见	根据岗位责任制，现金短缺180元由出纳赔偿。 王正东　2019年12月16日									

主管：李财　　会计：钱伟红　　复核：王吉　　出纳：李明

原凭 1-3

天津滨海股份有限公司现金盘点表

2019年12月16日

清查项目	单位	账存数			实存数			溢缺数		原因
		数　量	单　价	金　额	数　量	单　价	金　额	溢　余	短　缺	
现金	元			3650			3850	200		经细查，发现少付王新工资50元，其余原因不明。
审批意见	现金溢余200元，除查明少付王新工资50元予以补付外，其余做收益处理。 王正东　2019年12月16日									

主管：李财　　会计：钱伟红　　复核：王吉　　出纳：李明

任务2 银行存款实训

案例 1-2 天津滨海股份有限公司银行存款有关资料如下。

期初余额

银行存款期初余额如账 1-2 和账 1-3 所示。

账 1-2

科目名称 银行存款——工行

2019年		记账凭证	摘要	对方科目	借方											贷方											借或贷	余额										
月	日	字号			亿	千	百	十	万	千	百	十	元	角	分	亿	千	百	十	万	千	百	十	元	角	分		亿	千	百	十	万	千	百	十	元	角	分
12	1		期初余额																								借			6	5	6	0	0	0	0	0	0

账 1-3

科目名称 银行存款——建行

2019年		记账凭证	摘要	对方科目	借方											贷方											借或贷	余额										
月	日	字号			亿	千	百	十	万	千	百	十	元	角	分	亿	千	百	十	万	千	百	十	元	角	分		亿	千	百	十	万	千	百	十	元	角	分
12	1		期初余额																								借				8	3	0	0	0	0	0	0

应收账款期初余额如账 1-4 所示。

账 1-4

应收账款

户名天津达雅服装销售公司　　　　备注

2019年		记账凭证		摘要	页数	借方											√	贷方											√	借或贷	余额											√
月	日	字	号			亿	千	百	十	万	千	百	十	元	角	分		亿	千	百	十	万	千	百	十	元	角	分			亿	千	百	十	万	千	百	十	元	角	分	
12	1			期初余额																										借				3	0	0	0	0	0	0	0	

应付账款期初余额如账 1-5 所示。

账 1–5

应付账款

户名 天津腾华纺织有限公司　　　　备注

<table>
<tr><td colspan="2">2019 年</td><td colspan="2">记账凭证</td><td rowspan="2">摘　要</td><td rowspan="2">页数</td><td colspan="11">借　方</td><td rowspan="2">√</td><td colspan="11">贷　方</td><td rowspan="2">√</td><td rowspan="2">借或贷</td><td colspan="11">余　额</td><td rowspan="2">√</td></tr>
<tr><td>月</td><td>日</td><td>字</td><td>号</td><td>亿</td><td>千</td><td>百</td><td>十</td><td>万</td><td>千</td><td>百</td><td>十</td><td>元</td><td>角</td><td>分</td><td>亿</td><td>千</td><td>百</td><td>十</td><td>万</td><td>千</td><td>百</td><td>十</td><td>元</td><td>角</td><td>分</td><td>亿</td><td>千</td><td>百</td><td>十</td><td>万</td><td>千</td><td>百</td><td>十</td><td>元</td><td>角</td><td>分</td></tr>
<tr><td>12</td><td>1</td><td></td><td></td><td>期初余额</td><td></td><td></td><td></td><td></td><td></td><td></td><td></td><td></td><td></td><td></td><td></td><td></td><td></td><td></td><td></td><td></td><td></td><td></td><td></td><td></td><td></td><td></td><td></td><td></td><td></td><td>贷</td><td></td><td></td><td></td><td>2</td><td>6</td><td>0</td><td>0</td><td>0</td><td>0</td><td>0</td><td>0</td><td></td></tr>
<tr><td></td><td></td><td></td><td></td><td></td><td></td><td></td><td></td><td></td><td></td><td></td><td></td><td></td><td></td><td></td><td></td><td></td><td></td><td></td><td></td><td></td><td></td><td></td><td></td><td></td><td></td><td></td><td></td><td></td><td></td><td></td><td></td><td></td><td></td><td></td><td></td><td></td><td></td><td></td><td></td><td></td><td></td><td></td></tr>
<tr><td></td><td></td><td></td><td></td><td></td><td></td><td></td><td></td><td></td><td></td><td></td><td></td><td></td><td></td><td></td><td></td><td></td><td></td><td></td><td></td><td></td><td></td><td></td><td></td><td></td><td></td><td></td><td></td><td></td><td></td><td></td><td></td><td></td><td></td><td></td><td></td><td></td><td></td><td></td><td></td><td></td><td></td><td></td></tr>
</table>

业务原始凭证

银行存款 2019 年 12 月经济业务原始凭证如原凭 1-4、原凭 1-5 所示。

实训要求

1. 准备记账凭证 2 张、银行存款日记账 2 张。
2. 根据业务原始凭证编制记账凭证。
3. 根据记账凭证登记银行存款日记账。

原凭 1–4

中国工商银行　客户专用回单

币别：人民币　　　　2019 年 12 月 02 日　　　　流水号：120998900000000

付款人	全　称	天津达雅服装销售公司	收款人	全　称	天津滨海股份有限公司
	账　号	408523406062389 4872		账　号	2016000020203456789
	开户银行	工行天津市河北路支行		开户银行	工行天津市滨海支行
金　额		（大写）人民币叁拾万元整	（小写）¥300,000.00		
凭证种类		电汇凭证	凭证号码		
结算方式		转账	用　途		货款

汇款交易日期：20191202　支付清算业务类型 A100
汇款合约编号：009394882994002943
实际收款人账户：2016000020203456789
实际收款人户名：天津滨海股份有限公司
实际收款人汇入行：工行天津市滨海支行
汇出行行名：工行河北路支行
汇款备注：电子汇入

打印柜员：1290049299299
打印机构：工行天津市滨海支行
打印卡号：966880203000204988
汇款附言：货款

（中国工商银行 电子回单 专用章）

（贷方回单）（收款人回单）

原凭 1–5

中国工商银行
现金支票存根
10501289
06743921

附加信息

出票日期：2019年12月07日

收款人：	天津腾华纺织有限公司
金　额：	¥260000.00
用　途：	材料款

单位主管　　会计

付款期限自出票之日起十天

中国工商银行　转账支票　　10501289　06743921

出票日期（大写）贰零壹玖年壹拾贰月零柒日　付款行名称：工行天津市滨海支行
收款人：天津腾华纺织有限公司　　出票人账号：12001835700076708888

人民币（大写）	亿	千	百	十	万	千	百	十	元	角	分
贰拾陆万元整			¥	2	6	0	0	0	0	0	0

用途 材料款　　密码
上列款项请从　　行号
我账户内支付
出票人签章　　（天津滨海股份有限公司 财务专用章）（张达宏印）　复核　　记账

‘‘73296’’: 020304061‘’: 35700076708888‘’00

任务3　其他货币资金实训

案例 1-3　天津滨海股份有限公司其他货币资金有关资料如下。

期初余额

其他货币资金期初余额如账 1-6 至账 1-8 所示。

账 1-6

其他货币资金

户名：外埠存款　　　　备注：

2019年		记账凭证		摘要	页数	借方											√	贷方											√	借或贷	余额											√
月	日	字	号			亿	千	百	十	万	千	百	十	元	角	分		亿	千	百	十	万	千	百	十	元	角	分			亿	千	百	十	万	千	百	十	元	角	分	
12	1			期初余额																										平									0	0	0	

账 1-7

其他货币资金

户名：银行本票　　　　备注：

2019年		记账凭证		摘要	页数	借方											√	贷方											√	借或贷	余额											√
月	日	字	号			亿	千	百	十	万	千	百	十	元	角	分		亿	千	百	十	万	千	百	十	元	角	分			亿	千	百	十	万	千	百	十	元	角	分	
12	1			期初余额																										平									0	0	0	

账 1-8

其他货币资金

户名：银行汇票　　　　备注：

2019年		记账凭证		摘要	页数	借方											√	贷方											√	借或贷	余额											√
月	日	字	号			亿	千	百	十	万	千	百	十	元	角	分		亿	千	百	十	万	千	百	十	元	角	分			亿	千	百	十	万	千	百	十	元	角	分	
12	1			期初余额																										平									0	0	0	

业务原始凭证

其他货币资金 2019 年 12 月经济业务原始凭证如原凭 1-6 至原凭 1-8 所示。

实训要求

1. 准备记账凭证 3 张、三栏式明细账 3 张。
2. 根据业务原始凭证编制记账凭证。
3. 根据记账凭证登记其他货币资金明细账。

原凭 1–6

中国工商银行 电汇凭证（借方凭证） 2

☐普通 ☐加急　　委托日期 2019 年 12 月 10 日　　No.200901

汇款人	全　称	天津滨海股份有限公司	收款人	全　称	天津滨海股份有限公司
	账　号	2016000020203456789		账　号	9506930940002316607
	汇出地点	省 天津 市/县		汇入地点	河南 省 郑州 市/县
汇出行名称		工行天津市滨海支行	汇入行名称		工行郑州分行
金额	人民币（大写）	贰拾万元整	亿 千 百 十 万 千 百 十 元 角 分		¥ 2 0 0 0 0 0 0 0
此汇款支付给收款人 （天津滨海股份有限公司 财务专用章）（张宏达印） 汇款人签章			支付密码		
			附加信息及用途：开立郑州采购专户 复核　　记账		

此联汇出行作借方凭证

原凭 1–7

银行本票申请书（存根） ①　　No.000375

申请日期 2019 年 12 月 22 日

申请人	天津滨海股份有限公司	收款人	天津腾华纺织有限公司
账　号 或住址	2016000020203456789	账　号 或住址	6221010134896079234
用　途	支付前欠货款	代　理 付款行	
汇票金额	人民币（大写）贰拾伍万元整	亿 千 百 十 万 千 百 十 元 角 分	¥ 2 5 0 0 0 0 0 0
备注：		科目＿＿＿＿＿ 对方科目＿＿＿＿＿ （中国工商银行天津市滨海支行 2019.12.22 转账 转讫） 财务主管　　复核　　经办	

此联申请人留存

原凭 1-8

中国农业银行　　汇票申请书

申请日期 2019 年 12 月 28 日　　　　　　　　　　序号：

申请人		收款人		
户　名	天津滨海股份有限公司	户　名	上海东方有限公司	天津滨海股份有限公司 财务专用章　张宏印达
账　号或地址	30873900922201O1235	账　号或地址	3560405257987653246	
开户银行	农行洞庭路支行	代　理付款行		
用途	支付原材料欠款			（预留印鉴）

人民币（大写）	亿	千	百	十	万	千	百	十	元	角	分
叁拾万元整			¥	3	0	0	0	0	0	0	0

日期：	日志号：	交易码：	币种：
金额：	终端号：	主　管：	柜员：

农行洞庭路支行　2019.12.28　转账　转讫

制票：　　　　　　　　　　复核：

此联申请人留存

项目 2

应收及预付款项实训

实训目标

- 能对应收票据业务进行会计核算及账务处理。
- 能对应收账款业务进行会计核算及账务处理。
- 能对预付账款和其他应收款业务进行会计核算及账务处理。
- 能对应收款项减值业务进行会计核算及账务处理。

任务 1　应收票据实训

案例 2-1　天津滨海股份有限公司应收票据有关资料如下。

期初余额

应收票据期初余额如账 2-1 和账 2-2 所示。

账 2-1

应收票据

户名 天津大通服装有限公司　　　　备注

2019 年 月	日	记账凭证 字	号	摘要	页数	借方（亿千百十万千百十元角分）	√	贷方（亿千百十万千百十元角分）	√	借或贷	余额（亿千百十万千百十元角分）	√
12	1			期初余额						借	6000000	

注：该账户票据为 2019 年 11 月 30 日收入——期限为 4 个月，年利率为 5%的商业承兑汇票一张。

账 2–2

应收票据

户名 天津致远服装有限公司　　　　　　　　　　　　　备注

2019年		记账凭证		摘要	页数	借方											√	贷方											√	借或贷	余额											√
月	日	字	号			亿	千	百	十	万	千	百	十	元	角	分		亿	千	百	十	万	千	百	十	元	角	分			亿	千	百	十	万	千	百	十	元	角	分	
12	1			期初余额																										借					2	0	0	0	0	0	0	

注：该账户票据为 2019 年 9 月 20 日收入——期限为 3 个月，不带息的商业承兑汇票一张。

业务原始凭证

应收票据 2019 年 12 月经济业务原始凭证如原凭 2-1-1 至原凭 2-3 所示。

实训要求

1. 准备记账凭证 3 张、三栏式明细账 3 张。
2. 根据业务原始凭证编制记账凭证。
3. 根据记账凭证登记应收票据各明细账。

原凭 2-1-1

120000000000

天津增值税专用发票

№ 20191201

此联不作报销、扣税凭证使用　　　开票日期：2019 年 12 月 01 日

购买方	名　　称：天津达雅服装销售公司 纳税人识别号：911200098765543333 地 址、电 话：天津市河北路 110 号　022-60268931 开户行及账号：工行天津市河北路支行　4085234060623894872				密码区	47/-3947/->59*<818<90920902942342534* 7>/0/433>2*3-0+672<7*234543452342342/ 1+-<<51+41+>*>58*84603453647//23244* 7658765<56+*31/58>>00234216792394//23	
货物或应税劳务、服务名称	规格型号	单位	数量	单价	金额	税率	税额
衬衣	jcp	件	1500	400	600000.00	13%	78000.00
合　计					¥600000.00		¥78000.00
价税合计（大写）	⊗ 陆拾柒万捌仟元整				（小写）¥678000.00		
销售方	名　　称：天津滨海股份有限公司 纳税人识别号：911201117860653155 地 址、电 话：天津市开发区黄海路 109 号　022-85556666 开户行及账号：工行天津市滨海支行　2016000020203456789				备注	天津滨海股份有限公司 911201117860653155 发票专用章	

收款人：　　　　复核：　　　　开票人：刘钱　　　　销售方：（章）

第一联：记账联　销售方记账凭证

原凭 2-1-2

商业承兑汇票

10200000

出票日期（大写）贰零壹玖 年 壹拾贰 月 零壹 日　　　00000001

付款人	全　称	天津达雅服装销售公司	收款人	全　称	天津滨海股份有限公司
	账　号	4085234060623894872		账　号	2016000020203456789
	开户银行	工行天津市河北路支行		开户银行	工行天津市滨海支行
出票金额	人民币（大写）	陆拾柒万捌仟元整		亿千百十万千百十元角分	¥67800000
汇票到期日（大写）	贰零贰零年零叁月零壹日		付款人开户行	行号	408
交易合同号码	569236			地址	天津市和平区河北路 1098 号
本汇票已经承兑，到期无条件支付票款。 承兑人签章 承兑日期 2019 年 12 月 01 日			本汇票请予以承兑于到期日付款。 出票人签章		

此联持票人开户行随托收凭证寄付款人开户行作借方凭证附件

原凭 2–2

委托收款凭证（收款通知）

邮　　　　委托日期　2019 年　12 月　20 日　　　　委托号码　　　　第 00322 号

付款人	全　称	天津致远服装有限公司	收款人	全　称	天津滨海股份有限公司
	账　号	0200112349989056748		账　号	2016000020203456789
	开户银行	工行天津分行津东分理处		开户银行	工行天津市滨海支行

出票金额	人民币（大写）	贰万元整	千	百	十	万	千	百	十	元	角	分
					¥	2	0	0	0	0	0	0

款项内容	商业承兑到期	委托收款凭证名称	商业承兑汇票	附寄单证张数	1 张
备注：		款项收托日期　　年　　月　　日		中国工商银行天津市滨海支行 2019.12.20 转账 转讫 收款人开户银行签章	

单位主管　　　　会计　　　　复核　　　　记账

原凭 2–3

利息计算单

日　期	项　目	金额/元
2019 年 12 月	天津大通应收票据	60000×5%÷12×1=250
合　计		¥250.00

财务负责人：　　　　　　　　　　制单人：

任务 2　应收账款实训

案例 2-2　天津滨海股份有限公司应收账款有关资料如下。

期初余额

应收账款期初余额如账 2-3 和账 2-4 所示。

账 2-3

应收账款

户名 天津达雅服装销售公司　　　　　　　　　　备注

2019年		记账凭证		摘要	页数	借方											√	贷方											√	借或贷	余额											√
月	日	字	号			亿	千	百	十	万	千	百	十	元	角	分		亿	千	百	十	万	千	百	十	元	角	分			亿	千	百	十	万	千	百	十	元	角	分	
12	1			期初余额																										借				2	0	0	0	0	0	0	0	

账 2-4

应收账款

户名 天津致远服装有限公司　　　　　　　　　　备注

2019年		记账凭证		摘要	页数	借方											√	贷方											√	借或贷	余额											√
月	日	字	号			亿	千	百	十	万	千	百	十	元	角	分		亿	千	百	十	万	千	百	十	元	角	分			亿	千	百	十	万	千	百	十	元	角	分	
12	1			期初余额																										借					8	0	0	0	0	0	0	

业务原始凭证

应收账款 2019 年 12 月经济业务原始凭证如原凭 2-4-1 至原凭 2-6 所示。

实训要求

1. 准备记账凭证 3 张、三栏式明细账 2 张。
2. 根据业务原始凭证编制记账凭证。
3. 根据记账凭证登记应收账款各明细账。

原凭 2-4-1

120000000000　　**天津增值税专用发票**　　№ 20191202

此联不作报销、扣税凭证使用　　开票日期：2019 年 12 月 05 日

购买方	名　　称：天津达雅服装销售公司 纳税人识别号：911200098765543333 地 址、电 话：天津市河北路 110 号　022-60268931 开户行及账号：工行天津市河北路支行　4085234060623894872				密码区	47/-3947/->59*<818<90920902942342534* 7>/0/433>2*3-0+672<7*234543452342342/ 1+-<<51+41+>*>58*84603453647//23244* 7658765<56+*31/58>>00234216792394//23		
货物或应税劳务、服务名称	规格型号	单位	数量	单价	金额		税率	税额
夹克	ycp	件	1000	450.00	450000.00		13%	58500.00
合　计					¥450000.00			¥58500.00
价税合计（大写）	⊗ 伍拾万捌仟伍佰元整				（小写）¥508500.00			
销售方	名　　称：天津滨海股份有限公司 纳税人识别号：911201117860653155 地 址、电 话：天津市开发区黄海路 109 号　022-85556666 开户行及账号：工行天津市滨海支行　2016000020203456789				备注	天津滨海股份有限公司 911201117860653155 发票专用章		

收款人：　　复核：　　开票人：刘钱　　销售方：（章）

第一联：记账联　销售方记账凭证

原凭 2-4-2

折扣申请表

编制单位：天津滨海股份有限公司　　2019 年 12 月 04 日　　元

客户名称	货物名称	购买数量	单　价	金　额	折扣类型	折扣率	折扣后金额
达雅服装	夹克	1000	500	500000	商业折扣	10%	450000
合　计		1000		500000			450000

审核意见：同意

销售经理：杨阳　　经办人：李元

2019 年 12 月 04 日　　2019 年 12 月 04 日

原凭 2-5-1

120000000000　　天津增值税专用发票　　№ 20191203

此联不作报销、扣税凭证使用　　开票日期：2019 年 12 月 18 日

购买方	名　　称：天津致远服装有限公司 纳税人识别号：9112034565543336 地 址、电 话：天津市八纬路 990 号　022-68904309 开户行及账号：工行津东分理处　0200112349989056748					密码区	567-3947/->59*<818<9020945942345234* 3>/0/487>2452*3-0+672452<7*42342342/ +-<=-07+41+452>*>58*84647/45282/2324* 0-=-=765<56+*34524521/589234//23>>00
货物或应税劳务、服务名称	规格型号	单位	数量	单价	金额	税率	税额
衬衣	jcp	件	600	400.00	240000.00	13%	31200.00
合计					¥240000.00		¥31200.00
价税合计（大写）	⊗ 贰拾柒万壹仟贰佰元整				（小写）¥271200.00		
销售方	名　　称：天津滨海股份有限公司 纳税人识别号：911201117860653155 地 址、电 话：天津市开发区黄海路 109 号　022-85556666 开户行及账号：工行天津市滨海支行　2016000020203456789					备注	天津滨海股份有限公司 911201117860653155 发票专用章

第一联：记账联　销售方记账凭证

收款人：　　复核：　　开票人：刘钱　　销售方：（章）

原凭 2-5-2

折扣申请表

编制单位：天津滨海股份有限公司　　2019 年 12 月 15 日　　元

客户名称	货物名称	购买数量	单价	金　额	折扣类型	折扣率	折扣后金额
致远服饰	衬衣	600	400	240000	现金折扣	（2/10，n/30）	—
合　计		600		240000			—

审核意见：同意

销售经理：杨阳　　经办人：李元

2019 年 12 月 15 日　　2019 年 12 月 15 日

原凭 2-6

中国工商银行　　客户专用回单

币别：人民币　　　　2019 年 12 月 30 日　　　　流水号：120998987830000

付款人	全　称	天津达雅服装销售公司	收款人	全　称	天津滨海股份有限公司
	账　号	4085234060623894872		账　号	2016000020203456789
	开户银行	工行天津市河北路支行		开户银行	工行天津市滨海支行
金　额		（大写）人民币壹拾伍万元整	（小写）¥150,000.00		
凭证种类		电汇凭证	凭证号码		
结算方式		转账	用　途		货款

汇款交易日期：20191230　支付清算业务类型 A100	打印柜员：1290049299299
汇款合约编号：009394882994002943	打印机构：工行天津市滨海支行
实际收款人账户：2016000020203456789	打印卡号：9668802030002O4988
实际收款人户名：天津滨海股份有限公司	中国工商银行 电子回单 专用章
实际收款人汇入行：工行天津市滨海支行	
汇出行行名：工行天津市河北路支行	
汇款备注：电子汇入	汇款附言：货款

（贷方回单）（收款人回单）

任务 3　预付账款实训

案例 2-3　天津滨海股份有限公司预付账款有关资料如下。

期初余额

预付账款期初余额如账 2-5 和账 2-6 所示。

账 2-5

预付账款

户名 天津东纺有限公司　　　　　　　　　　　　　　　　备注

2019年		记账凭证		摘要	页数	借方											√	贷方											√	借或贷	余额											√
月	日	字	号			亿	千	百	十	万	千	百	十	元	角	分		亿	千	百	十	万	千	百	十	元	角	分			亿	千	百	十	万	千	百	十	元	角	分	
12	1			期初余额																										借					4	5	2	0	0	0	0	

账 2-6

预付账款

户名 天津华昌纺织有限公司　　　　　　　　　　　　　　　　备注

2019年		记账凭证		摘要	页数	借方											√	贷方											√	借或贷	余额											√
月	日	字	号			亿	千	百	十	万	千	百	十	元	角	分		亿	千	百	十	万	千	百	十	元	角	分			亿	千	百	十	万	千	百	十	元	角	分	
12	1			期初余额																										借					2	0	0	0	0	0	0	

业务原始凭证

预付账款 2019 年 12 月经济业务原始凭证如原凭 2-7 至原凭 2-8-2 所示。

实训要求

1. 准备记账凭证 2 张、三栏式明细账 2 张。
2. 根据业务原始凭证编制记账凭证。
3. 根据记账凭证登记预付账款各明细账。

原凭 2–7

120000000000　　天津增值税专用发票　　№ 20191211

发票联

（印章：全国统一发票监制章　天津　国家税务总局监制）

开票日期：2019 年 12 月 06 日

购买方	名　　称：天津滨海股份有限公司 纳税人识别号：911201117860653155 地 址、电 话：天津市开发区黄海路 109 号　022-85556666 开户行及账号：工行天津市滨海支行　2016000020203456789	密码区	358=947/->59-<865<90>59*<818<9092 2>/0/433>2-3-0+672<7*+672<7*23472<7 0+-<=-1-41+>/58*8460>58*8460372<72 8*765<56+*31/58>09661/58>>00272<76

货物或应税劳务、服务名称	规格型号	单位	数量	单价	金额	税率	税额
棉布	pcl	米	500	80.00	40000.00	13%	5200.00
合　计					¥40000.00		¥5200.00
价税合计（大写）	⊗ 肆万伍仟贰佰元整				（小写）¥45200.00		

销售方	名　　称：天津东纺有限公司 纳税人识别号：91120204637288785 地 址、电 话：天津市泰安道 2940 号　022-27489698 开户行及账号：农行泰安道支行　3561234890987653246	备注	（印章：天津东纺有限公司　91120204637288785　发票专用章）

收款人：　　复核：　　开票人：　　销售方：（章）

第三联：发票联　购买方记账凭证

原凭 2–8–1

申　　请

总经理：

我公司研发新产品，须从天津华昌公司购入特种棉布。该棉布国内紧缺，须预付货款 140 400 元，特此申请。

申请人：采购部　郝采

2019 年 12 月 20 日

同意

朱观

2019 年 12 月 21 日

原凭 2–8–2

中国工商银行

转账支票存根

10201232

17400843

附加信息

出票日期：2019年12月24日

收款人：	天津华昌公司
金　额：	¥140400.00
用　途：	棉布

单位主管　　会计

任务 4　其他应收款实训

案例 2-4　天津滨海股份有限公司其他应收款有关资料如下。

期初余额

其他应收款期初余额如账 2-7 和账 2-8 所示。

账 2-7

其他应收款

户名 职工借款　　　　备注

2019年		记账凭证		摘要	页数	借方											√	贷方											√	借或贷	余额											√
月	日	字	号			亿	千	百	十	万	千	百	十	元	角	分		亿	千	百	十	万	千	百	十	元	角	分			亿	千	百	十	万	千	百	十	元	角	分	
12	1			期初余额																										借						6	0	0	0	0	0	

账 2-8

其他应收款

户名 存出保证金　　　　备注

2019年		记账凭证		摘要	页数	借方											√	贷方											√	借或贷	余额											√
月	日	字	号			亿	千	百	十	万	千	百	十	元	角	分		亿	千	百	十	万	千	百	十	元	角	分			亿	千	百	十	万	千	百	十	元	角	分	
12	1			期初余额																										借						2	0	0	0	0	0	

业务原始凭证

其他应收款 2019 年 12 月经济业务原始凭证如原凭 2-9-1 至原凭 2-10-2 所示。

实训要求

1. 准备记账凭证 2 张、三栏式明细账 2 张。
2. 根据业务原始凭证编制记账凭证。
3. 根据记账凭证登记其他应收款各明细账。

原凭 2-9-1

差旅费报销单

2019 年 12 月 11 日

出差人	张增发		职务	科员	部门	设备处	审批人	李小儒
出差事由	培训设备操作				出差日期	自 2019 年 11 月 30 日		
到达地点	成都市					至 2019 年 12 月 11 日 共 12 天		
	交通工具				其他	旅馆费	补　助	
项目	火车	汽车	轮船	飞机	招待	住宿 10 天	每天标准	合计
金额/元	600					1000	100	1200
总计人民币（大写）贰仟捌佰元整								
原借款金额			报销金额		交结余金额 ¥200			
3000			2800		人民币（大写）贰佰元整			

会计主管人员：　　　　记账：　　　　审核：　　　　附单据：3 张

原凭 2-9-2

天津站　K548 →　成都站

Tianjin　　　　Chengdu

2019 年 11 月 30 日　12:02 开　11 车 010 号上铺

¥300.00 元　新空调硬卧

限乘当日当次车

始发改签

1200000000****0001 张增发

买票请到 12306　发货请到 95306

中国铁路祝您路途愉快

原凭 2-9-3

成都站　K546 →　天津站

Chengdu　　　　Tianjin

2019 年 12 月 11 日　07:36 开　05 车 016 号上铺

¥300.00 元　新空调硬卧

限乘当日当次车

始发改签

1200000000****0001 张增发

买票请到 12306　发货请到 95306

中国铁路祝您路途愉快

原凭 2-9-4

510000000000

四川增值税普通发票

发票联

№ 20192765

开票日期：2019 年 12 月 10 日

购买方	名　　称：天津滨海股份有限公司 纳税人识别号：911201117860653155 地 址、电 话：天津市开发区黄海路 109 号　022-85556666 开户行及账号：工行天津市滨海支行　2016000020203456789	密码区	

货物或应税劳务、服务名称	规格型号	单位	数量	单价	金额	税率	税额
住宿费		天	10	97.09	970.88	3%	29.12
合　计					¥970.88		¥29.12
价税合计（大写）	⊗ 壹仟元整			（小写）¥1000.00			

销售方	名　　称：成都假日酒店 纳税人识别号：91510345098411234 地 址、电 话：成都市双安路 10 号　028-2347654 开户行及账号：工行双安路支行　2839050921160605231	备注	成都假日酒店 91510345098411234 发票专用章

收款人：　　　复核：　　　开票人：　　　销售方：（章）

第三联：发票联　购买方记账凭证

原凭 2-9-5

收　据

No1053008

2019年 12月 11日

今　收　到：张增发

交　　　来：差旅费余款

金额（大写）：贰佰元整

¥200.00

天津滨海股份有限公司 财务专用章

收款单位签章

收款人	刘钱

交款人	张增发

第一联　存根

原凭 2–10–1

中国工商银行　　客户专用回单

币别：人民币　　　　　　　　2019 年 12 月 11 日　　　　　　　　流水号：120998900009871

付款人	全　　称	天津滨海股份有限公司	收款人	全　　称	天津鸿运包装材料有限公司
	账　　号	2016000020203456789		账　　号	4080505234923949923
	开户银行	工行天津市滨海支行		开户银行	工行宏达支行
金　　额		（大写）人民币贰仟元整	（小写）¥2,000.00		
凭证种类		电汇凭证	凭证号码		
结算方式		转账	用　　途		押金
汇款交易日期：20191211　支付清算业务类型 A100 汇款合约编号：009394882994098769 实际收款人账户：4080505234923949923 实际收款人户名：天津鸿运包装材料有限公司 实际收款人汇入行：工行宏达支行 汇出行行名：工行天津市滨海支行 汇款备注：电子汇入			打印柜员：1290049294343 打印机构：工行天津市滨海支行 打印卡号：966880203000204988 中国工商银行 电子回单 专用章 汇款附言：押金		

（借方回单）（付款人回单）

原凭 2–10–2

收　据

No1053008

2019 年 12 月 17 日

今　收　到：	天津滨海股份有限公司
交　　　来：	包装物押金
金额（大写）：	贰仟元整
天津鸿运包装材料有限公司 财务专用章	¥2000.00
收款单位签章	收款人：田野　　交款人：李丽

第二联　交对方

任务 5　应收款项减值实训

案例 2-5　天津滨海股份有限公司应收款项减值有关资料如下。

期初余额

应收款项减值有关科目余额如账 2-9 和账 2-10 所示。

账 2-9

坏账准备

户名 应收账款　　　　　　　　　　　　　备注

2019年		记账凭证		摘要	页数	借方											√	贷方											√	借或贷	余额											√
月	日	字	号			亿	千	百	十	万	千	百	十	元	角	分		亿	千	百	十	万	千	百	十	元	角	分			亿	千	百	十	万	千	百	十	元	角	分	
12	1			期初余额																										贷						2	1	5	0	0	0	

注：天津滨海股份有限公司按照应收账款余额百分比法计提坏账准备，坏账准备率为 0.5%。

账 2-10

坏账准备

户名 其他应收款　　　　　　　　　　　　　备注

2019年		记账凭证		摘要	页数	借方											√	贷方											√	借或贷	余额											√
月	日	字	号			亿	千	百	十	万	千	百	十	元	角	分		亿	千	百	十	万	千	百	十	元	角	分			亿	千	百	十	万	千	百	十	元	角	分	
12	1			期初余额																										贷								4	0	0	0	

注：天津滨海股份有限公司按照应收账款余额百分比法计提坏账准备，坏账准备率为 0.5%。

业务原始凭证

应收款项减值 2019 年 12 月经济业务原始凭证如原凭 2-11 至原凭 2-13 所示。

实训要求

1. 准备记账凭证 5 张、三栏式明细账 2 张。
2. 根据应收账款、其他应收款明细账余额计算本月应提的坏账准备，填写坏账准备计提表。
3. 根据业务原始凭证编制记账凭证。
4. 根据记账凭证登记坏账准备明细账。

原凭 2–11

坏 账 损 失 确 认 通 知

2019年 12 月 06 日

由于天津大通服装有限公司倒闭，应收其货款 100000 元无法收回，向公司领导报批，经批准予以注销。

总经理：朱观　　　　会计主管：李财

2019年 12月 06日　　　　2019年 12月 06日

原凭 2–12

中国工商银行　进账单

2019 年 12 月 10 日

出票人	全　称	天津大通服装有限公司		收款人	全　称	天津滨海股份有限公司									
	账　号	34598218600087629503			账　号	2016000020203456789									
	开户银行	工行唐家口支行			开户银行	工行天津市滨海支行									
金额	人民币（大写）	贰万元整			亿	千	百	十	万	千	百	十	元	角	分
								¥	2	0	0	0	0	0	0
票据种类		银行本票	票据张数	1											
票据号码		23652145													
备注：					复核：　记账：										

注：已注销天津大通服装有限公司坏账收回。

原凭 2–13

坏 账 准 备 计 提 表

2019年 12月 31日　　　　元

计提对象余额		计提率/%	应提额	账面已提	本期计提
项　目	余　额				
应收账款	410 800	0.5			
其他应收款	7 000	0.5			
合　计					

审核：　　　　主管：　　　　制表：

项目 *3*

存货实训

实训目标

- 能对原材料业务进行会计核算及账务处理。
- 能对周转材料业务进行会计核算及账务处理。
- 能对库存商品业务进行会计核算及账务处理。

任务 *1* 原材料实训

案例 *3-1* 天津滨海股份有限公司原材料有关资料如下。

期初余额

材料采购期初余额如账 3-1 所示。

账 3-1

材料采购

户名涤纶　　　　　　　　　　　　　　　　　　　　备注＿＿＿＿＿＿

2019年		记账凭证		摘要	页数	借方											√	贷方											√	借或贷	余额											√
月	日	字	号			亿	千	百	十	万	千	百	十	元	角	分		亿	千	百	十	万	千	百	十	元	角	分			亿	千	百	十	万	千	百	十	元	角	分	
12	1			期初余额																										借						1	0	0	0	0	0	

原材料期初余额如账 3-2 和账 3-3 所示。

账 3-2

原材料

货号＿＿＿＿ 品名 棉布 计数单位 米 备注＿＿＿＿

2019年		记账凭证		摘要	借方													贷方													结存												
月	日	字	号		数量	单价	金额											数量	单价	金额											数量	单价	金额										
							亿	千	百	十	万	千	百	十	元	角	分			亿	千	百	十	万	千	百	十	元	角	分			亿	千	百	十	万	千	百	十	元	角	分
12	1			期初余额																											500	80					4	0	0	0	0	0	0

账 3-3

原材料

货号＿＿＿＿ 品名 涤纶 计数单位 米 备注＿＿＿＿

2019年		记账凭证		摘要	借方													贷方													结存												
月	日	字	号		数量	单价	金额											数量	单价	金额											数量	单价	金额										
							亿	千	百	十	万	千	百	十	元	角	分			亿	千	百	十	万	千	百	十	元	角	分			亿	千	百	十	万	千	百	十	元	角	分
12	1			期初余额																											200	10						2	0	0	0	0	0

材料成本差异期初余额如账 3-4 所示。

账 3-4

材料成本差异

户名 原材料 备注＿＿＿＿

2019年		记账凭证		摘要	页数	借方											√	贷方											√	借或贷	余额											√
月	日	字	号			亿	千	百	十	万	千	百	十	元	角	分		亿	千	百	十	万	千	百	十	元	角	分			亿	千	百	十	万	千	百	十	元	角	分	
12	1			期初余额																										借						2	5	0	0	0	0	

其他资料

天津滨海股份有限公司原材料按计划成本法核算，每月月末计算本月入库原材料成本差异、原材料成本差异率，并结转本月发出材料应负担的成本差异。

业务原始凭证

原材料 2019 年 12 月经济业务原始凭证如原凭 3-1 至原凭 3-9 所示。

实训要求

1. 准备记账凭证 12 张、三栏式明细账 3 张、数量金额式明细账 2 张。
2. 根据业务原始凭证编制记账凭证。
3. 根据记账凭证登记材料采购、原材料、材料成本差异各明细账。

原凭 3-1

120000000000

天津增值税专用发票

发 票 联

全国统一发票监制章 天津 国家税务总局监制

№ 20191221

开票日期：2019 年 12 月 06 日

购买方	名　　称：天津滨海股份有限公司 纳税人识别号：911201117860653155 地 址、电 话：天津市开发区黄海路 109 号　022-85556666 开户行及账号：工行天津市滨海支行　2016000020203456789	密码区	658=947/->59-<865<90>59*<818<9092 7>/0/445>2-3-0+672<7*+672<7*23472<7 1+-<=-1-34+>/58*8460>58*8460372<72 9*765<56+*31/58>09661/58>>00272<76

货物或应税劳务、服务名称	规格型号	单位	数量	单价	金额	税率	税额
涤纶	gp	米	5000	9.80	49000.00	13%	6370.00
合　计					¥49000.00		¥6370.00
价税合计（大写）	⊗ 伍万伍仟叁佰柒拾元整				（小写）¥55370.00		

销售方	名　　称：天津东纺有限公司 纳税人识别号：91120204637288785 地 址、电 话：天津市泰安道 2940 号　022-27489698 开户行及账号：农行泰安道支行　3561234890987653246	备注	天津东纺有限公司 91120204637288785 发票专用章

收款人：　　复核：　　开票人：　　销售方：（章）

第三联：发票联　购买方记账凭证

原凭 3-2

材料入库验收单

售货单位：天津东纺有限公司　　　　验字第 001 号

单据号数：3001　　　　2019 年 12 月 08 日　　　　结算方式：委托收款

材料编号	名称及规格	计量单位	数量		计划成本/元	
			应　收	实　收	单　价	总　价
			5100	5050	10.00	50500.00
001	涤纶	米	实际成本			
验收意见	同意		单　价	买　价	运杂费	合　计
入库时间	2019 年 12 月 08 日		9.90	50000		50000.00

仓库主管：　　材料会计：　　收料员：张国　　经办人：李梅　　制单：

注：将月初与 12 月 6 日购入的涤纶验收入库，短缺的 50 米确定为运输途中的合理损耗。

原凭 3–3

120000000000

天津增值税专用发票

№ 20191223

发票联

开票日期：2019 年 12 月 10 日

购买方	名　　称：天津滨海股份有限公司 纳税人识别号：911201117860653155 地 址、电 话：天津市开发区黄海路 109 号　022-85556666 开户行及账号：工行天津市滨海支行　2016000020203456789	密码区	558=947/->59-<865<90>59*<818<9092 5>/0/433>2-3-0+672<7*+672<7*23472<7 798-<=-1-41+>/58*8460>58*8460372<72 23965<56+*31/58>09661/58>>00272<76

货物或应税劳务、服务名称	规格型号	单位	数量	单价	金额	税率	税额
棉布	pcl	米	4000	82.00	328000.00	13%	42640.00
合　计					¥328000.00		¥42640.00
价税合计（大写）	⊗ 叁拾柒万零陆佰肆拾元整				（小写）¥370640.00		

销售方	名　　称：天津东纺有限公司 纳税人识别号：91120204637288785 地 址、电 话：天津市泰安道 2940 号　022-27489698 开户行及账号：农行泰安道支行　3561234890987653246	备注	天津东纺有限公司 91120204637288785 发票专用章

收款人：　　复核：　　开票人：　　销售方：（章）

第三联：发票联　购买方记账凭证

原凭 3–4

材料入库验收单

售货单位：天津东纺有限公司　　验字第 002 号

单据号数：3002　　2019 年 12 月 11 日　　结算方式：委托收款

材料编号	名称及规格	计量单位	数量		计划成本/元	
			应　收	实　收	单　价	总　价
			4000	4000	80.00	320000.00
002	棉布	米	实际成本/元			
验收意见	同意		单　价	买　价	运杂费	合　计
入库时间	2019 年 12 月 11 日		82	328000		328000.00

仓库主管：　　材料会计：　　收料员：张国　　经办人：李梅　　制单：

原凭 3–5

材料成本差异汇总表

2019年12月31日

项　目	名　称	计量单位	收入数量	实际成本/元	计划成本/元	成本差异/元
合　计						

注：根据本月收料单编制本月原材料收入汇总表，计算并结转本月入库原材料成本差异。

原凭 3–6

材料领用汇总表

2019年12月31日　　金额单位：元

原材料名称	单　位	产品或部门（用途）								合　计	
		衬　衣		夹　克		T恤		辅助生产车间			
		数　量	金　额	数　量	金　额	数　量	金　额	数　量	金　额	数　量	金　额
棉布	米	1000	80000	1100	88000	800	64000	100	8000	3000	240000
涤纶	米	1000	10000	1800	18000	900	9000	100	1000	3800	38000
合　计			90000		106000		73000		9000		278000

主管：　　制表：

原凭 3–7–1

原材料成本差异率计算表

2019年12月31日

原材料名称	单　位	月初材料成本差异	本月购入材料成本差异	月初材料计划成本/元	本月购入材料计划成本/元	本月材料成本差异率
棉布	米	—				—
涤纶	米	—				—
合　计						

主管：　　会计：

注：计算总材料成本差异率。

原凭 3-7-2

发出材料应负担的成本差异计算表

2019年12月31日　　　　元

产品或部门（用途）	计划价格	差异率	差异额
衬衣			
夹克			
T恤			
辅助生产车间			
合　计			

主管：　　　　会计：

原凭 3-8

存货实存账存对比表

2019年12月31日　　　　金额单位：元

存货类别	名　称	单　位	实　存		账　存		盘　盈		盘　亏		备　注
			数　量	金　额	数　量	金　额	数　量	金　额	数　量	金　额	
原材料	棉布	米	1450	116000	1500	120000			50	4000	涉及材料成本差异、进项税一并处理
原材料	涤纶	米	1460	14600	1450	14500	10	100			
合　计			2910	130600	2950	134500	10	100	50	4000	
处理意见	清查小组				审批部门						主管签字
	原因待查				先做待处理						

原凭 3-9

存货实存账存对比表

2019年12月31日　　　　金额单位：元

存货类别	名　称	单　位	实　存		账　存		盘　盈		盘　亏		备　注
			数　量	金　额	数　量	金　额	数　量	金　额	数　量	金　额	
原材料	棉布	米	1450	116000	1500	120000			50	4000	涉及材料成本差异、进项税一并处理
原材料	涤纶	米	1460	14600	1450	14500	10	100			
合　计			2910	130600	2950	134500	10	100	50	4000	
处理意见	清查小组				审批部门						主管签字
	棉布属于张亮保管不善 涤纶属于收发计量造成				棉布保管不善，应由张亮赔偿 涤纶的收发计量错误，冲减管理费用						朱观

任务 2　周转材料实训

案例 3-2　天津滨海股份有限公司周转材料有关资料如下。

期初余额

周转材料期初余额如账 3-5 和账 3-6 所示。

账 3-5

周转材料——包装物

货号＿＿＿＿　品名包装袋＿＿＿＿　计数单位个＿＿＿＿　备注＿＿＿＿

2019年		记账凭证		摘要	借方													贷方													结存												
月	日	字	号		数量	单价	金额											数量	单价	金额											数量	单价	金额										
							亿	千	百	十	万	千	百	十	元	角	分			亿	千	百	十	万	千	百	十	元	角	分			亿	千	百	十	万	千	百	十	元	角	分
12	1			期初余额																											400	2							8	0	0	0	0

账 3-6

周转材料——包装物

货号＿＿＿＿　品名包装箱（在库）＿＿＿＿　计数单位个＿＿＿＿　备注＿＿＿＿

2019年		记账凭证		摘要	借方													贷方													结存												
月	日	字	号		数量	单价	金额											数量	单价	金额											数量	单价	金额										
							亿	千	百	十	万	千	百	十	元	角	分			亿	千	百	十	万	千	百	十	元	角	分			亿	千	百	十	万	千	百	十	元	角	分
12	1			期初余额																											600	10						6	0	0	0	0	0

其他资料如下。

天津滨海股份有限公司周转材料按实际成本法核算，发出周转材料按先进先出法计价。

业务原始凭证

周转材料 2019 年 12 月经济业务原始凭证如原凭 3-10-1 至原凭 3-14 所示。

实训要求

1. 准备记账凭证 5 张、数量金额式明细账 3 张、三栏式明细账 1 张。
2. 根据业务原始凭证编制记账凭证。
3. 根据记账凭证登记周转材料各明细账。

原凭 3–10–1

120000000000　　　**天津增值税专用发票**　　　№ 20191243

发票联

开票日期：2019 年 12 月 05 日

购买方	名　　称：天津滨海股份有限公司 纳税人识别号：911201117860653155 地 址、电 话：天津市开发区黄海路 109 号　022-85556666 开户行及账号：工行天津市滨海支行　2016000020203456789				密码区	278/-3947/->59-<18<9059-<865<90>59 9>/0/433>2-3-0+672<7*+672<7*+672<60 8+-<<51-41+>/58*8460+>/58*8460>6060 4658765<56+*31/58>00>09661/58>>0026		
货物或应税劳务、服务名称	规格型号	单位	数量	单价	金额	税率	税额	
包装袋	zh	个	10000	2.00	20000.00	13%	2600.00	
合　计					¥20000.00		¥2600.00	
价税合计（大写）	⊗ 贰万贰仟陆佰元整			（小写）¥22600.00				
销售方	名　　称：天津包装用品有限公司 纳税人识别号：91120204637285648 地 址、电 话：天津市泰安道 2361 号　022-27489238 开户行及账号：农行泰安道支行　35645016119876531 23				备注	天津包装用品有限公司 91120204637285648 发票专用章		

收款人：　　　复核：　　　开票人：耿丽　　　销售方：（章）

第三联：发票联　购买方记账凭证

原凭 3–10–2

中国工商银行　　客户专用回单

币别：人民币　　　2019 年 12 月 05 日　　　流水号：120998900392039

付款人	全　　称	天津滨海股份有限公司	收款人	全　　称	天津包装用品有限公司
	账　　号	2016000020203456789		账　　号	35645016119876531 23
	开户银行	工行天津市滨海支行		开户银行	农行泰安道支行
金　　额		（大写）人民币贰万贰仟陆佰元整　　（小写）¥22,600.00			
凭证种类		电汇凭证	凭证号码		
结算方式		转账	用　　途		货款

汇款交易日期：20191205　支付清算业务类型 A100

汇款合约编号：009394882994098769

实际收款人账户：35645016119876531 23

实际收款人户名：天津包装用品有限公司

实际收款人汇入行：农行泰安道支行

汇出行行名：工行天津市滨海支行

汇款备注：电子汇入

打印柜员：1290049294328

打印机构：工行天津市滨海支行

打印卡号：9668802030002049888

汇款附言：货款

中国工商银行　电子回单　专用章

（借方回单）（付款人回单）

原凭 3-10-3

周转材料入库验收单

售货单位：天津包装用品有限公司　　　　　　　　　　　　　　　　验字第　0001　号

单据号数：30001　　　　　　2019 年 12 月 05 日　　　　　　结算方式：电汇

材料编号	名称及规格	计量单位	数量		实际金额/元	
			应　收	实　收	单　价	总　价
			10000	10000	2.00	20000.00
0001	包装袋	个	运　费		合　计	
验收意见	同意		单价/元	总价/元	单价/元	总价/元
入库时间	2019.12.05				2.00	20000.00

仓库主管：　　　材料会计：　　　收料员：张国　　　经办人：李梅　　　制单：

注：包装物按实际成本核算。

原凭 3-11

周转材料领用汇总表

材料类别：周转材料　　　　　　2019 年 12 月 09 日　　　　　　发料部门编号：306

领料部门	名称及规格	计量单位	数量		金额		用途
			请领数	实发数	单价/元	总价/元	
生产部门	包装袋	个	5000	5000	2.00	10000	生产衬衣
销售部门	包装袋	个	1000	1000	2.00	2000	包装夹克（不单独计价）
合　计			6000			¥12000	

仓库主管：　　　材料会计：　　　领料员：任建新　　　经办人：金慧芳　　　制单：

原凭 3-12

周转材料出库单

材料类别：包装物　　　　　　　　　　　　　　　　　　　　　领用部门编号：302

领用部门：销售部门　　　　　　2019 年 12 月 16 日　　　　　　发料部门编号：306

材料编号	名称及规格	计量单位	数量		金额/元	
			请领数	实发数	单　价	总　价
003	包装箱	个	500	500	10	5000
合　计			¥5000			
用　途	出租，本月租金 500 元					

仓库主管：　　　材料会计：　　　领料员：任建新　　　经办人：金慧芳　　　制单：

注：采用五五摊销法，于月末摊销。

原凭 3–13–1

120000000000　　**天津增值税专用发票**　　№ 201912345

此联不作报销、扣税凭证使用　　开票日期：2019 年 12 月 16 日

购买方	名　　称：天津达雅服装销售公司 纳税人识别号：911200098765543333 地 址、电 话：天津市河北路 110 号　022-60268931 开户行及账号：工行天津市河北路支行　4085234060623894872	密码区	47/-3947/->59*<818<90920902942342534* 7>/0/433>2*3-0+672<7*234543452342342/ 1+-<<51+41+>*>58*84603453647//23244* 7658765<56+*31/58>>00234216792394//23

货物或应税劳务、服务名称	规格型号	单位	数量	单价	金额	税率	税额
出租包装物			1	2000.00	2000.00	13%	260.00
合　计					¥2000.00		¥260.00
价税合计（大写）	⊗ 贰仟贰佰陆拾元整				（小写）¥2260.00		

销售方	名　　称：天津滨海股份有限公司 纳税人识别号：911201117860653155 地 址、电 话：天津市开发区黄海路 109 号　022-85556666 开户行及账号：工行天津市滨海支行　2016000020203456789	备注	天津滨海股份有限公司 911201117860653155 发票专用章

收款人：　　复核：　　开票人：刘钱　　销售方：（章）

第一联：记账联　销售方记账凭证

原凭 3–13–2

中国工商银行　　客户专用回单

币别：人民币　　2019 年 12 月 16 日　　流水号：120998900000222

付款人	全　称	天津达雅服装销售公司	收款人	全　称	天津滨海股份有限公司
	账　号	4085234060623894872		账　号	2016000020203456789
	开户银行	工行天津市河北路支行		开户银行	工行天津市滨海支行
金　额		（大写）人民币贰仟贰佰陆拾元整			（小写）¥2,260.00
凭证种类		电汇凭证		凭证号码	
结算方式		转账		用　途	货款

汇款交易日期：20191216　支付清算业务类型 A100 汇款合约编号：009394882994002923 实际收款人账户：2016000020203456789 实际收款人户名：天津滨海股份有限公司 实际收款人汇入行：工行天津市滨海支行 汇出行行名：工行天津市河北路支行 汇款备注：电子汇入	打印柜员：1290049299299 打印机构：工行天津市滨海支行 打印卡号：966880203000204988 汇款附言：货款 中国工商银行 电子回单 专用章

（贷方回单）（收款人回单）

原凭 3–14

包装物摊销计算表

2019年 12月 31日　　　　元

项　目	待摊总额	本月分摊比例	本月应摊金额
包装箱（出租）	5000	50%	2500
合　计	¥5000		¥2500

主管：

注：采用五五摊销法，摊销本月领用包装箱。

任务3　库存商品实训

案例 3-4　天津滨海股份有限公司库存商品有关资料如下。

期初余额

库存商品期初余额如账 3-7 至账 3-10 所示。

账 3-7

库存商品

货号＿＿＿＿　品名 衬衣　计数单位 件　备注＿＿＿＿

2019年		记账凭证		摘要	借方													贷方													结存												
月	日	字	号		数量	单价	金额											数量	单价	金额											数量	单价	金额										
							亿	千	百	十	万	千	百	十	元	角	分			亿	千	百	十	万	千	百	十	元	角	分			亿	千	百	十	万	千	百	十	元	角	分
12	1			期初余额																											40	320					1	2	8	0	0	0	0

账 3-8

库存商品

货号＿＿＿＿　品名 夹克　计数单位 件　备注＿＿＿＿

2019年		记账凭证		摘要	借方													贷方													结存												
月	日	字	号		数量	单价	金额											数量	单价	金额											数量	单价	金额										
							亿	千	百	十	万	千	百	十	元	角	分			亿	千	百	十	万	千	百	十	元	角	分			亿	千	百	十	万	千	百	十	元	角	分
12	1			期初余额																											40	400					1	6	0	0	0	0	0

账 3-9

库存商品

货号＿＿＿＿　品名 T恤　计数单位 件　备注＿＿＿＿

2019年		记账凭证		摘要	借方													贷方													结存												
月	日	字	号		数量	单价	金额											数量	单价	金额											数量	单价	金额										
							亿	千	百	十	万	千	百	十	元	角	分			亿	千	百	十	万	千	百	十	元	角	分			亿	千	百	十	万	千	百	十	元	角	分
12	1			期初余额																											30	260						7	8	0	0	0	0

账 3–10

存货跌价准备

户名 T恤　　　　　　　　　　　　　　　　　　备注

2019年		记账凭证		摘要	页数	借方											√	贷方											√	借或贷	余额											√
月	日	字	号			亿	千	百	十	万	千	百	十	元	角	分		亿	千	百	十	万	千	百	十	元	角	分			亿	千	百	十	万	千	百	十	元	角	分	
12	1			期初余额																										贷						1	0	0	0	0	0	

其他资料如下。

天津滨海股份有限公司库存商品按实际成本法核算，发出库存商品按全月一次加权平均法计价。

业务原始凭证

库存商品 2019 年 12 月经济业务原始凭证如原凭 3-15-1 至原凭 3-17 所示。

实训要求

1. 准备记账凭证 3 张、数量金额式明细账 3 张、三栏式明细账 1 张。
2. 根据业务原始凭证编制记账凭证。
3. 根据记账凭证登记库存商品、存货跌价准备明细账。

原凭 3-15-1

产品成本计算表

2019年12月31日　　元

产品名称 成本项目	衬衣		夹克		T恤	
	单位成本	总成本	单位成本	总成本	总成本	单位成本
直接材料	250.00	100000.00	300.00	120000.00	200.00	80000.00
直接人工	60.00	24000.00	80.00	32000.00	50.00	20000.00
制造费用	20.00	8000.00	30.00	12000.00	15.00	6000.00
合　计	330.00	132000.00	410.00	164000.00	265.00	106000.00

主管：　　　　会计：

原凭 3-15-2

完工产品入库单

2019年12月31日

产品类别	产品名称及规格	产品编号	计量单位	实收数量	单位成本/元	总成本/元
库存商品	衬衣	1001	件	400	330.00	132000.00
	夹克	1002	件	400	410.00	164000.00
	T恤	1003	件	400	265.00	106000.00
合　计						402000.00

主管：　　　　会计：

原凭 3-16

销售产品成本计算表

2019年12月31日　　元

产品种类	期初库存成本			本期入库成本			本期销售成本		
	数　量	单位成本	总成本	数　量	单位成本	总成本	数　量	单位成本	总成本
衬衣	40	320	12800	400	330	132000	300		
夹克	40	400	16000	400	410	164000	350		
T恤	30	260	7800	400	265	106000	280		
合　计			36600			402000			

主管：　　　　会计：

注：按全月一次加权平均计算。

原凭 3-17

存货成本与可变现净值对比表

2019年12月31日　　元

存货类别		期末存货成本	可变现净值	差额
库存商品	衬衣		56000	
	夹克		45000	
	T恤		36000	

主管：　　　　会计：

注：采用个别比较法计提存货跌价准备。

项目 4

对外投资实训

实训目标

- 能对交易性金融资产业务进行会计核算及账务处理。
- 能对长期股权投资成本法业务进行会计核算及账务处理。
- 能对长期股权投资权益法业务进行会计核算及账务处理。

任务 1　交易性金融资产实训

案例 4-1　天津滨海股份有限公司交易性金融资产有关资料如下。

期初余额

交易性金融资产期初余额如账 4-1 至账 4-3 所示。

账 4-1

交易性金融资产

户名成本　　　　　　　　备注

2019年		记账凭证		摘要	页数	借方											√	贷方											√	借或贷	余额											√
月	日	字	号			亿	千	百	十	万	千	百	十	元	角	分		亿	千	百	十	万	千	百	十	元	角	分			亿	千	百	十	万	千	百	十	元	角	分	
12	1			期初余额																										平									0	0	0	

账 4-2

交易性金融资产

户名公允价值变动　　　　　　　　备注

2019年		记账凭证		摘要	页数	借方											√	贷方											√	借或贷	余额											√
月	日	字	号			亿	千	百	十	万	千	百	十	元	角	分		亿	千	百	十	万	千	百	十	元	角	分			亿	千	百	十	万	千	百	十	元	角	分	
12	1			期初余额																										平									0	0	0	

其他货币资金期初余额如账 4-3 所示。

账 4–3

其他货币资金

户名 存出投资款　　　　　　　　　　　　　　　　　　　　　备注

2019年		记账凭证		摘要	页数	借方											√	贷方											√	借或贷	余额											√
月	日	字	号			亿	千	百	十	万	千	百	十	元	角	分		亿	千	百	十	万	千	百	十	元	角	分			亿	千	百	十	万	千	百	十	元	角	分	
12	1			期初余额																										借				4	0	0	0	0	0	0	0	

业务原始凭证

交易性金融资产 2019 年 12 月经济业务原始凭证如原凭 4-1 至原凭 4-2-2 所示。

实训要求

1. 准备记账凭证 2 张、三栏式明细账 2 张。
2. 根据业务原始凭证编制记账凭证。
3. 根据记账凭证登记交易性金融资产有关明细账。

原凭 4–1

交割单	币种：人民币
成交日期：20191206	净佣金：386.20
业务名称：证券买入	证管费：4.00
证券代码：666666	经手费：9.80
证券名称：摩登人家	印花税：0.00
成交价格：20.00	过户费：4.00
成交数量：10000	结算费：0.00
剩余数量：10000	附加费：0.00
成交金额：200000.00	风险金：0.00
清算金额：-200404.00	成交编号：1230000567
剩余金额：199596.00	股东代码：A400001000

渤海证券滨海营业部 2019.12.06 业务专用章

注：公司持有该股票是为了近期内出售并获利。

原凭 4–2–1

公允价值确认说明

2019 年 12 月 31 日　　　　编号：

类　别	名　称	账面价值	公允价值	公允价值变动
交易性金融资产	摩登人家	200000.00	210000.00	10000.00
公允价值确认说明	摩登人家（股票代码 666666）于 2012 年 12 月 6 日购入，截至 2019 年 12 月 31 日，滨海财经网公布的收盘价为 21 元/股			

资产管理部门主管：　　　　财务主管：　　　　经办人：

原凭 4–2–2

滨海财经网　　信息　股票　基金　港股　美股　新三板　债券　更多▶

666666　　问财经

摩登人家　666666　21.00　+0.16/+3.38%　+加自选

[查询时间：2019-12-31　15:30:33]

注：该凭证为下载网页，并进行打印。

任务 2　长期股权投资成本法实训

案例 4-2　天津滨海股份有限公司长期股权投资有关资料如下。

期初余额

长期股权投资期初余额如账 4-4 所示。

账 4-4

长期股权投资

户名　天津达雅服装销售公司　　　　　　　　　　备注

2019年 月	2019年 日	记账凭证 字	记账凭证 号	摘要	页数	借方（亿千百十万千百十元角分）	√	贷方（亿千百十万千百十元角分）	√	借或贷	余额（亿千百十万千百十元角分）	√
12	1			期初余额						借	600000000	

注：该账户长期股权投资为 2016 年 11 月 20 日支付 1 000 万元取得天津达雅服装销售公司 60%的股权。

长期股权投资减值准备期初余额如账 4-5 所示。

账 4-5

长期股权投资减值准备

户名　天津达雅服装销售公司　　　　　　　　　　备注

2019年 月	2019年 日	记账凭证 字	记账凭证 号	摘要	页数	借方（亿千百十万千百十元角分）	√	贷方（亿千百十万千百十元角分）	√	借或贷	余额（亿千百十万千百十元角分）	√
12	1			期初余额						贷	5000000	

业务原始凭证

长期股权投资 2019 年 12 月经济业务原始凭证如原凭 4-3 至原凭 4-4-2 所示。

实训要求

1. 准备记账凭证 2 张、三栏式明细账 2 张。
2. 根据业务原始凭证编制记账凭证。
3. 根据记账凭证登记长期股权投资有关明细账。

原凭 4-3

天津达雅服装销售公司 2019 年度利润分配实施公告

一、利润分配方案

天津达雅服装销售公司股东会决定以 2019 年度末实收资本 1 000 万元为基数，向全体股东按照出资比例分配现金利润 50 万元。

二、分红具体实施内容

……

利润发放日：2020 年 1 月 10 日

……

天津达雅服装销售公司

2019 年 12 月 29 日

原凭 4-4-1

股权转让协议书

出让方：天津滨海股份有限公司（以下简称甲方）

受让方：天津东纺有限公司（以下简称乙方）

甲、乙双方根据有关法律、法规的规定，经友好协商，就甲方将其所持天津达雅服装销售公司（下称“目标公司”）60%的股权转让给乙方之相关事宜达成一致，特签订本合同，以使各方遵照执行。

一、转让标的

甲方向乙方转让的标的为：甲方合法持有目标公司 60%的股权。

二、转让价款及支付

1．甲、乙双方同意并确认，本合同项下的股权转让价款为 5 800 000 元人民币（大写：人民币伍佰捌拾万元）。

2．甲、乙双方同意，待目标公司 60%股权过户至乙方名下的当日，由乙方将股权转让款一次性支付给甲方，所有手续应在 2020 年 1 月 5 日之前办理完毕。

三、其他事项

……

甲方：天津滨海股份有限公司　　乙方：天津东纺有限公司

法人代表签章：张宏达　　法人代表签章：刘韬

甲方公章：　　乙方公章：

2019 年 12 月 2 日　　2019 年 12 月 2 日

原凭 4-4-2

中国工商银行　　客户专用回单

币别：人民币　　　　2019 年 12 月 31 日　　　　流水号：234998987830000

付款人	全　称	天津东纺有限公司	收款人	全　称	天津滨海股份有限公司
	账　号	3560405257987653246		账　号	2016000020203456789
	开户银行	农行泰安道支行		开户银行	工行天津市滨海支行
金　额		（大写）人民币伍佰捌拾万元整　　（小写）¥5,800,000.00			
凭证种类		电汇凭证	凭证号码		
结算方式		转账	用　途		股权转让款
汇款交易日期：20191231　支付清算业务类型 A100 汇款合约编号：009394882994002943 实际收款人账户：2016000020203456789 实际收款人户名：天津滨海股份有限公司 实际收款人汇入行：工行天津市滨海支行 汇出行行名：农行泰安道支行 汇款备注：电子汇入			打印柜员：1290049299299 打印机构：工行天津市滨海支行 打印卡号：9668802030000204988 汇款附言：股权转让款		

（贷方回单）（收款人回单）

中国工商银行 电子回单 专用章

任务 3　长期股权投资权益法实训

案例 4-3　天津滨海股份有限公司长期股权投资有关资料如下。

期初余额

长期股权投资期初余额如账 4-6 至账 4-9 所示。

账 4-6

长期股权投资

户名 成本　　　　　　　　　　　　　　　　　　　　备注 天津黄河股份有限公司

2019年		记账凭证		摘要	页数	借方											√	贷方											√	借或贷	余额											√
月	日	字	号			亿	千	百	十	万	千	百	十	元	角	分		亿	千	百	十	万	千	百	十	元	角	分			亿	千	百	十	万	千	百	十	元	角	分	
12	1			期初余额																										借			3	0	0	0	0	0	0	0	0	

注：该账户长期股权投资为 2016 年 11 月 20 日支付 300 万元取得的天津黄河股份有限公司 30%的股权。

账 4-7

长期股权投资

户名 损益调整　　　　　　　　　　　　　　　　　　备注 天津黄河股份有限公司

2019年		记账凭证		摘要	页数	借方											√	贷方											√	借或贷	余额											√
月	日	字	号			亿	千	百	十	万	千	百	十	元	角	分		亿	千	百	十	万	千	百	十	元	角	分			亿	千	百	十	万	千	百	十	元	角	分	
12	1			期初余额																										借				3	0	0	0	0	0	0	0	

账 4-8

长期股权投资

户名 其他综合收益　　　　　　　　　　　　　　　　备注 天津黄河股份有限公司

2019年		记账凭证		摘要	页数	借方											√	贷方											√	借或贷	余额											√
月	日	字	号			亿	千	百	十	万	千	百	十	元	角	分		亿	千	百	十	万	千	百	十	元	角	分			亿	千	百	十	万	千	百	十	元	角	分	
12	1			期初余额																										借					1	0	0	0	0	0	0	

账 4–9

其他综合收益

户名天津黄河股份有限公司　　　　　　　　　　　　　　　　　　　　　备注

2019年		记账凭证		摘要	页数	借方											√	贷方											√	借或贷	余额											√
月	日	字	号			亿	千	百	十	万	千	百	十	元	角	分		亿	千	百	十	万	千	百	十	元	角	分			亿	千	百	十	万	千	百	十	元	角	分	
12	1			期初余额																										贷					1	0	0	0	0	0	0	

业务原始凭证

长期股权投资 2019 年 12 月经济业务原始凭证如原凭 4-5 至原凭 4-8 所示。

实训要求

1. 准备记账凭证 4 张、三栏式明细账 7 张。
2. 根据业务原始凭证编制记账凭证。
3. 根据记账凭证登记长期股权投资相关明细账。

原凭 4–5

天津黄河股份有限公司 2019 年度利润分配实施公告

一、利润分配方案

天津黄河股份有限公司股东会决定以 2019 年度末实收资本 1 000 万元为基数，向全体股东按照出资比例分配现金股利 50 万元。

二、分红具体实施内容

……

利润发放日：2020 年 1 月 5 日

……

天津黄河股份有限公司

2019 年 12 月 5 日

原凭 4–6–1

股权转让协议书

出让方：天津滨海股份有限公司（以下简称甲方）

受让方：天津东纺有限公司（以下简称乙方）

甲、乙双方根据有关法律、法规的规定，经友好协商，就甲方将其所持天津黄河股份有限公司（下称“目标公司”）30%的股权转让给乙方之相关事宜达成一致，特签订本合同，以使各方遵照执行。

一、转让标的

甲方向乙方转让的标的为：甲方合法持有目标公司 30%的股权。

二、转让价款及支付

1．甲、乙双方同意并确认，本合同项下的股权转让价款为 3 200 000 元人民币（大写：人民币叁佰贰拾万元）。

2．甲、乙双方同意，待目标公司 30%股权过户至乙方名下的当日，由乙方将股权转让款一次性支付给甲方，所有手续应在 2019 年 12 月 15 日之前办理完毕。

三、其他事项

……

甲方：天津滨海股份有限公司
法人代表签章：张宏达
甲方公章：

2019 年 12 月 2 日

乙方：天津东纺有限公司
法人代表签章：刘韬
乙方公章：

2019 年 12 月 2 日

原凭 4–6–2

中国工商银行　　客户专用回单

币别：人民币　　　　2019 年 12 月 10 日　　　　流水号：234998987832222

付款人	全　称	天津东纺有限公司	收款人	全　称	天津滨海股份有限公司
	账　号	3561234890987653246		账　号	2016000020203456789
	开户银行	农行泰安道支行		开户银行	工行天津市滨海支行
金　额		（大写）人民币叁佰贰拾万元整	（小写）¥3,200,000.00		
凭证种类		电汇凭证	凭证号码		
结算方式		转账	用　途		股权转让款
汇款交易日期：20191210　支付清算业务类型 A100			打印柜员：1290049299299		
汇款合约编号：009394882994002943			打印机构：工行天津市滨海支行		
实际收款人账户：2016000020203456789			打印卡号：966880203000204988		
实际收款人户名：天津滨海股份有限公司					
实际收款人汇入行：工行天津市滨海支行					
汇出行行名：农行泰安道支行			汇款附言：股权转让款		
汇款备注：电子汇入					

（贷方回单）（收款人回单）

原凭 4–7–1

股权转让协议书

出让方：天津万福股份有限公司（以下简称甲方）

受让方：天津滨海股份有限公司（以下简称乙方）

甲、乙双方根据有关法律、法规的规定，经友好协商，就甲方将其所持天津宏达股份有限公司（下称“目标公司”）25%的股权转让给乙方之相关事宜达成一致，特签订本合同，以使各方遵照执行。

一、转让标的

甲方向乙方转让的标的为：甲方合法持有目标公司 25%的股权。

二、转让价款及支付

1．甲、乙双方同意并确认，本合同项下的股权转让价款为 4 000 000 元人民币（大写：人民币肆佰万元）。

2．甲、乙双方同意，待目标公司 25%股权过户至乙方名下的当日，由乙方将股权转让款一次性支付给甲方，所有手续应在 2019 年 12 月 20 日之前办理完毕。

三、其他事项

……

甲方：天津万福股份有限公司　　　　乙方：天津滨海股份有限公司

法人代表签章：李静　　　　法人代表签章：张宏达

甲方公章：　　　　乙方公章：

2019 年 12 月 15 日　　　　2019 年 12 月 15 日

原凭 4–7–2

中国工商银行
转账支票存根
10201232
17400823

附加信息

出票日期：2019年12月20日

收款人：	天津万福股份有限公司
金　额：	¥4000000.00
用　途：	投资款

单位主管　　　会计

注：天津宏达股份有限公司截至被投资时，可辨认净资产账面价值为 17 000 000 元，该金额公允。

原凭 4–8

长期股权投资价值变动计算表

编制单位：天津滨海股份有限公司　　2019 年 12 月 31 日　　元

被投资单位	被投资单位权益变动项目	被投资单位权益变动金额	持股比例	长期股权投资价值变动
天津宏达股份有限公司	净利润	4000000	25%	1000000
	其他综合收益	100000	25%	25000
	资本公积	600000	25%	150000
合　计		4700000		1175000

财务负责人：　　制表：

项目 5 固定资产实训

实训目标

- 能对固定资产取得业务进行会计核算及账务处理。
- 能对固定资产处置业务进行会计核算及账务处理。
- 能对固定资产折旧业务进行会计核算及账务处理。

任务 1 固定资产取得实训

案例 5-1 天津滨海股份有限公司固定资产有关资料如下。

期初余额

固定资产期初余额如账 5-1 所示。

账 5-1

固定资产

户名发电设备　　　　　　　　　　　　　　　　　　　　　　备注

2019年		记账凭证		摘要	页数	借方											√	贷方											√	借或贷	余额											√
月	日	字	号			亿	千	百	十	万	千	百	十	元	角	分		亿	千	百	十	万	千	百	十	元	角	分			亿	千	百	十	万	千	百	十	元	角	分	
12	1			期初余额																										贷				5	0	0	0	0	0	0	0	

业务原始凭证

固定资产 2019 年 12 月经济业务原始凭证如原凭 5-1-1 至原凭 5-4-3 所示。

实训要求

1. 准备记账凭证 4 张、三栏式明细账 2 张。
2. 根据业务原始凭证编制记账凭证。
3. 根据记账凭证登记固定资产各明细账。

原凭 5-1-1

120000000000　　　**天津增值税专用发票**　　　№ 20191266

发　票　联

开票日期：2019 年 12 月 09 日

购买方	名　　称：天津滨海股份有限公司 纳税人识别号：911201117860653155 地 址、电 话：天津市开发区黄海路 109 号　022-85556666 开户行及账号：工行天津市滨海支行　2016000020203456789	密码区	37/-3947/->59-<818<90658=947/->59 9>/0/433>2-3-0+672<7*7>/0/445>2-3- 8+-<<51-41+>/58*84601+-<=-1-34+>/58 4658765<56+*31/58>009*765<56+*31/58

货物或应税劳务、服务名称	规格型号	单位	数量	单价	金额	税率	税额
发电设备	SDHB-2008	台	1	200000.00	200000.00	13%	26000.00
合　计					¥200000.00		¥26000.00
价税合计（大写）	⊗ 贰拾贰万陆仟元整				（小写）¥226000.00		

销售方	名　　称：天津华为有限公司 纳税人识别号：91120456785678258 地 址、电 话：天津市八纬路 2990 号　022-23489898 开户行及账号：工行八纬路支行　3445256348776678990	备注	天津华为有限公司 91120456785678258 发票专用章

收款人：　　　复核：　　　开票人：　　　销售方：（章）

第三联：发票联　购买方记账凭证

注：该设备需安装。

原凭 5-1-2

120000000000　　　**天津增值税专用发票**　　　№ 20191231

发　票　联

开票日期：2019 年 12 月 09 日

购买方	名　　称：天津滨海股份有限公司 纳税人识别号：911201117860653155 地 址、电 话：天津市开发区黄海路 109 号　022-85556666 开户行及账号：工行天津市滨海支行　2016000020203456789	密码区	37/-3947/->39495993093338=947/->59 24532353353>2-3-0+672<7*7>/0/445>2-3- 6867979-80-41+>/58*84601+-<=-1-34+>8 9897765<56+*31/58>009*765<56+*36453

货物或应税劳务、服务名称	规格型号	单位	数量	单价	金额	税率	税额
运费				10000.00	10000.00	9%	900.00
合　计					¥10000.00		¥900.00
价税合计（大写）	⊗ 壹万零玖佰元整				（小写）¥10900.00		

销售方	名　　称：天津通达运输有限公司 纳税人识别号：91120456785678333 地 址、电 话：天津市十一经路 832 号　022-23489432 开户行及账号：农行十一经路支行　5434877665678123460	备注	天津通达运输有限公司 91120456785678333 发票专用章

收款人：　　　复核：　　　开票人：　　　销售方：（章）

第三联：发票联　购买方记账凭证

注：该运费由天津华为有限公司代垫。

原凭 5-1-3

中国工商银行 转账支票存根 10201232 17400850
附加信息
出票日期：2019年12月09日
收款人：天津华为有限公司
金　额：¥236900
用　途：设备款、运费
单位主管　　　　会计

原凭 5-2-1

120000000000　　天津增值税专用发票　　№ 20192234

发票联

开票日期：2019 年 12 月 13 日

购买方	名　　称：天津滨海股份有限公司 纳税人识别号：911201117860653155 地 址、电 话：天津市开发区黄海路 109 号　022-85556666 开户行及账号：工行天津市滨海支行　2016000020203456789	密码区	37/-3947/->59-<818<90/->59-<818<9 9>/0/433>2-3-0+672<7*2-3-0+672<7* 8+-<<51-41+>/58*84604601+-<=-1-5 4658765<56+*31/58>001/58>009*765<

货物或应税劳务、服务名称	规格型号	单位	数量	单价	金额	税率	税额
发电设备安装费				3000.00	3000.00	9%	270.00
合　计					¥3000.00		¥270.00
价税合计（大写）	⊗ 叁仟贰佰柒拾元整				（小写）¥3270.00		

销售方	名　　称：天津人本机电安装公司 纳税人识别号：91120654325678789 地 址、电 话：天津市长江路 2230 号　022-23489898 开户行及账号：工行长江路支行　3440000123456789990	备注	天津人本机电安装公司 91120654325678789 发票专用章

收款人：　　　复核：　　　开票人：　　　销售方：（章）

第三联：发票联　购买方记账凭证

原凭 5-2-2

中国工商银行
转账支票存根
10201232
17400851

附加信息

出票日期：2019年12月13日

收款人：	天津人本机电安装公司
金　额：	¥3270.00
用　途：	安装费

单位主管　　　　会计

原凭 5-3

固定资产入账通知单

被通知单位：　　　　2019年12月13日　　　　编号 01000201　元

类别	资产编号	固定资产名称	规格型号	建造单位			数量	原值	折旧额		使用年限	预计残值	累计已提折旧	所在地	入账原因
				名称	日期	编号			应计折旧总额	月折旧额					
设备	03	发电机					1	213000			10	15000			购入

通知单位：　　　　经办人：

原凭 5-4-1

120000000000　　天津增值税专用发票　　№ 09876543

发票联

开票日期：2019年12月20日

购买方
名　　称：天津滨海股份有限公司
纳税人识别号：911201117860653155
地 址、电 话：天津市开发区黄海路109号　022-85556666
开户行及账号：工行天津市滨海支行　2016000020203456789

密码区
37/-3947/->39495993093338=947/->59
987654670765432+672<7*7>/0/445>2-3-
6987612345566>/58*84601+-<=-1-34+>8
9897765<56+*31/58>009*765*&554336789

货物或应税劳务、服务名称	规格型号	单位	数量	单价	金额	税率	税额
销售不动产——建方大厦	12-7-654				1000000.00	9%	90000.00
合　计					¥1000000.00		¥90000.00

价税合计（大写）　⊗壹佰零玖万元整　　（小写）¥1090000.00

销售方
名　　称：天津建方地产有限公司
纳税人识别号：91120456785124928
地 址、电 话：天津市河西区泰安道372号　022-59030391
开户行及账号：建行泰安道支行　3290599283954354360

备注：天津建方地产有限公司　91120456785124928　发票专用章

收款人：　　复核：　　开票人：　　销售方：（章）

第三联：发票联　购买方记账凭证

原凭 5-4-2

中国工商银行
转账支票存根
10201232
17400851

附加信息

出票日期：2019年12月20日

收款人：	天津建方地产有限公司
金　额：	¥1090000.00
用　途：	购房款

单位主管　　　　会计

原凭 5-4-3

固定资产入账通知单

被通知单位：　　　　2019年12月20日　　　　编号 01000202　元

类别	资产编号	固定资产名称	规格型号	建造单位			数量	原　值	折旧额		使用年限	预计残值	累计已提折旧	所在地	入账原因
				名称	日期	编号			应计折旧总额	月折旧额					
房屋	01	办公楼					1	1000000			20	50000			购入

通知单位：　　　　经办人：

任务 2 固定资产处置实训

案例 5-2 天津滨海股份有限公司固定资产有关资料如下。

期初余额

固定资产相关账户期初余额如账 5-2 至账 5-5 所示。

账 5-2

固定资产

户名 生产设备 B　　　　备注

2019年		记账凭证		摘要	页数	借方											√	贷方											√	借或贷	余额											√
月	日	字	号			亿	千	百	十	万	千	百	十	元	角	分		亿	千	百	十	万	千	百	十	元	角	分			亿	千	百	十	万	千	百	十	元	角	分	
12	1			期初余额																										借				2	5	0	0	0	0	0	0	

账 5-3

累计折旧

户名 生产设备 B　　　　备注

2019年		记账凭证		摘要	页数	借方											√	贷方											√	借或贷	余额											√
月	日	字	号			亿	千	百	十	万	千	百	十	元	角	分		亿	千	百	十	万	千	百	十	元	角	分			亿	千	百	十	万	千	百	十	元	角	分	
12	1			期初余额																										贷				1	7	8	0	0	0	0	0	

账 5-4

固定资产减值准备

户名 生产设备 B　　　　备注

2019年		记账凭证		摘要	页数	借方											√	贷方											√	借或贷	余额											√
月	日	字	号			亿	千	百	十	万	千	百	十	元	角	分		亿	千	百	十	万	千	百	十	元	角	分			亿	千	百	十	万	千	百	十	元	角	分	
12	1			期初余额																										贷					1	0	0	0	0	0	0	

账 5–5

固定资产清理

户名＿＿＿＿＿＿＿＿　　　　　　　　　　　　　　　　　　　　　　　　　　备注＿＿＿＿＿＿＿＿

2019年		记账凭证		摘要	页数	借方											√	贷方											√	借或贷	余额											√
月	日	字	号			亿	千	百	十	万	千	百	十	元	角	分		亿	千	百	十	万	千	百	十	元	角	分			亿	千	百	十	万	千	百	十	元	角	分	
12	1			期初余额																										平									0	0	0	

业务原始凭证

固定资产 2019 年 12 月经济业务原始凭证如原凭 5-5-1 至原凭 5-5-7 所示。

实训要求

1. 准备记账凭证 4 张、三栏式明细账 4 张。
2. 根据业务原始凭证编制记账凭证。
3. 根据记账凭证登记固定资产相关明细账。

原凭 5–5–1

天津滨海股份有限公司董事会决议公告（节选）

……

经董事会研究决定，将本公司生产设备 B 出售，交易价格总额为 80 000 元，处置净损益转为资产处置损益。

……

天津滨海股份有限公司董事会（印）

天津滨海股份有限公司董事会

2019 年 12 月 30 日

原凭 5–5–2

固定资产出账通知单

被通知单位　　　2019年 12月 30日　　　编号　　　元

类别	资产编号	固定资产名称	规格型号	建造单位			数量	原值	折旧额		使用年限	预计残值	累计已提折旧	所在地	出账原因
				名称	日期	编号			应计折旧总额	月折旧额					
设备	03	B设备					1	250000			10		178000		出售

通知单位：　　　经办人：

原凭 5–5–3

固定资产处置报告单

2019年 12月 30日

固定资产名称	单位	数量	预计使用年限	原值/元	已提折旧/元	已提减值/元	预计净残值/元
B设备	台	1	10	250000	178000	10000	0
使用部门	缝制车间						
固定资产状况	出售						
处理意见	使用部门		技术鉴定小组		固定资产管理部门		主管部门审批
	同意出售 张景		同意出售 王勃		同意出售 李琛		同意出售 朱观

原凭 5-5-4

120000000000

天津增值税普通发票

发 票 联

№ 82930193

开票日期：2019 年 12 月 30 日

购买方	名　　称：天津滨海股份有限公司 纳税人识别号：911201117860653155 地 址、电 话：天津市开发区黄海路 109 号　022-85556666 开户行及账号：工行天津市滨海支行　2016000020203456789
密码区	993093338=947/->5937/-3947/->39495 32+672<7*7>/0/445>2-3-9876546707654 *84601+-<=-1-34+>86987612345566>/58 *31/58>0+09*765*&5543367899897765<56

货物或应税劳务、服务名称	规格型号	单位	数量	单价	金额	税率	税额
搬运					388.35	3%	11.65
合　计					¥388.35		¥11.65
价税合计（大写）	⊗ 肆佰元整				（小写）¥400.00		

销售方	名　　称：天津翔阳搬运有限公司 纳税人识别号：91120456785112811 地 址、电 话：天津市和平区湖北路 188 号　022-32039281 开户行及账号：建行湖北路支行　3291020349405578381
备注	天津翔阳搬运有限公司 91120456785112811 发票专用章

收款人：　　复核：　　开票人：　　销售方：（章）

第三联：发票联　购买方记账凭证

原凭 5-5-5

中国工商银行
转账支票存根
10201232
17400854

附加信息

出票日期：2019年12月30日

收款人：天津翔阳搬运有限公司	
金　额：¥400.00	
用　途：搬运清理费	

单位主管　　会计

原凭 5-5-6

120000000000 天津增值税专用发票 № 20200483

此联不作报销、扣税凭证使用 开票日期：2019 年 12 月 30 日

购买方	名　　称：天津宏达服装有限公司 纳税人识别号：91120738283823912 地 址、电 话：天津市河北路 554 号　022-60263232 开户行及账号：工行河北路支行　408010102352389322	密码区	22029423->02947/-3947/->02942342534* 7*2345437>/0/433>2*3-0+672<452342342/ 58*8460341+-<<51+41+>*>53647//23244* 00234216792394//237658765<56+*31/58>>

货物或应税劳务、服务名称	规格型号	单位	数量	单价	金额	税率	税额
生产设 B		台	1	80000.00	80000.00	13%	10400.00
合　计					¥80000.00		¥10400.00
价税合计（大写）	⊗ 玖万零肆佰元整				（小写）¥90400.00		

销售方	名　　称：天津滨海股份有限公司 纳税人识别号：911201117860653155 地 址、电 话：天津市开发区黄海路 109 号　022-85556666 开户行及账号：工行天津市滨海支行　2016000020203456789	备注	天津滨海股份有限公司 911201117860653155 发票专用章

收款人：　　复核：　　开票人：刘钱　　销售方：（章）

第一联：记账联　销售方记账凭证

原凭 5-5-7

中国工商银行　进账单

2019 年 12 月 30 日

出票人	全　称	天津宏达服装有限公司	收款人	全　称	天津滨海股份有限公司
	账　号	408010102352389322		账　号	2016000020203456789
	开户银行	工行河北路支行		开户银行	工行天津市滨海支行

金额	人民币（大写）	亿	千	百	十	万	千	百	十	元	角	分
	玖万零肆佰元整				¥	9	0	4	0	0	0	0

票据种类	转账支票	票据张数	1
票据号码	87521021		
备注：			

中国工商银行天津市滨海分行 2019.12.30 业务转讫

复核：　　记账：

任务 3　固定资产折旧实训

案例 5-3　天津滨海股份有限公司固定资产有关资料如下。

期初余额

累计折旧期初余额如账 5-6 所示。

账 5-6

累计折旧

户名＿＿＿＿＿＿＿＿＿　　　　　　　　　　　　　　　　　　　　　　备注＿＿＿＿＿＿＿＿＿

2019年		记账凭证		摘要	页数	借方											√	贷方											√	借或贷	余额											√
月	日	字	号			亿	千	百	十	万	千	百	十	元	角	分		亿	千	百	十	万	千	百	十	元	角	分			亿	千	百	十	万	千	百	十	元	角	分	
12	1			期初余额																										贷				7	0	1	8	0	0	0	0	

公司采用直线法计提折旧。

业务原始凭证

累计折旧 2019 年 12 月经济业务原始凭证如原凭 5-6 所示。

实训要求

1. 准备记账凭证 2 张、三栏式明细账 1 张。
2. 根据业务原始凭证编制记账凭证。
3. 根据记账凭证登记累计折旧各明细账。

原凭 5–6

固定资产折旧计算汇总表

编制单位：天津滨海股份有限公司　　2019 年 12 月 31 日　　元

使用单位及固定资产类别	本月应提折旧 固定资产原值	月折旧率/%	本月应提折旧额
房屋：			
剪裁车间	1 800 000	0.2	
缝制车间	1 500 000	0.2	
包装车间	1 300 000	0.2	
辅助生产车间	1 200 000	0.2	
销售部门	1 000 000	0.2	
行政管理部门	1 180 000	0.2	
小　计			
机器设备：			
剪裁车间	450 000	0.3	
缝制车间	790 000	0.3	
包装车间	280 000	0.3	
辅助生产车间	320 000	0.3	
销售部门	200 000	0.3	
行政管理部门	280 000	0.3	
小　计			
总　计			

主管：　　制表：

项目 *6*

无形资产及其他资产实训

实训目标

- 能对无形资产初始计量业务进行会计核算及账务处理。
- 能对无形资产后续计量业务进行会计核算及账务处理。

任务　无形资产实训

案例 6-1　天津滨海股份有限公司无形资产有关资料如下。

期初余额

无形资产有关账户期初余额如账 6-1 至账 6-5 所示。

账 6-1

无形资产

户名＿＿＿＿＿＿＿＿　　　　备注＿＿＿＿＿＿＿＿

2019年		记账凭证		摘 要	页数	借 方											√	贷 方											√	借或贷	余 额											√
月	日	字	号			亿	千	百	十	万	千	百	十	元	角	分		亿	千	百	十	万	千	百	十	元	角	分			亿	千	百	十	万	千	百	十	元	角	分	
12	1			期初余额																										借			1	4	8	0	0	0	0	0	0	

账 6–2

累计摊销

户名＿＿＿＿＿＿＿＿ 备注＿＿＿＿＿＿＿＿

2019年		记账凭证		摘要	页数	借方											✓	贷方											✓	借或贷	余额											✓
月	日	字	号			亿	千	百	十	万	千	百	十	元	角	分		亿	千	百	十	万	千	百	十	元	角	分			亿	千	百	十	万	千	百	十	元	角	分	
12	1			期初余额																										贷				2	5	0	0	0	0	0	0	

账 6–3

无形资产减值准备

户名＿＿＿＿＿＿＿＿ 备注＿＿＿＿＿＿＿＿

2019年		记账凭证		摘要	页数	借方											✓	贷方											✓	借或贷	余额											✓
月	日	字	号			亿	千	百	十	万	千	百	十	元	角	分		亿	千	百	十	万	千	百	十	元	角	分			亿	千	百	十	万	千	百	十	元	角	分	
12	1			期初余额																										贷					3	0	0	0	0	0	0	

账 6–4

研发支出

户名资本化支出 备注＿＿＿＿＿＿＿＿

2019年		记账凭证		摘要	页数	借方											✓	贷方											✓	借或贷	余额											✓
月	日	字	号			亿	千	百	十	万	千	百	十	元	角	分		亿	千	百	十	万	千	百	十	元	角	分			亿	千	百	十	万	千	百	十	元	角	分	
12	1			期初余额																										借					9	0	0	0	0	0	0	

账 6–5

研发支出

户名费用化支出 备注＿＿＿＿＿＿＿＿

2019年		记账凭证		摘要	页数	借方											✓	贷方											✓	借或贷	余额											✓
月	日	字	号			亿	千	百	十	万	千	百	十	元	角	分		亿	千	百	十	万	千	百	十	元	角	分			亿	千	百	十	万	千	百	十	元	角	分	
12	1			期初余额																										借					5	2	0	0	0	0	0	

业务原始凭证

无形资产 2019 年 12 月经济业务原始凭证如原凭 6-1 至原凭 6-6 所示。

实训要求

1. 准备记账凭证 7 张、三栏式明细账 5 张。
2. 根据业务原始凭证编制记账凭证。
3. 根据记账凭证登记无形资产各明细账。

原凭 6-1

领料单

领用部门：设计部　　2019年12月02日

材料编号	名称及规格	计量单位	数量		金额/元	
			请领数	实发数	单价	总价
001	棉布	米	100	100	80	8000
合计			¥8000.00			
用途	用于电商平台系统项目研究阶段					

仓库主管：　材料会计：　领料员：　经办人：　制单：

原凭 6-2

薪资结算表

2019年12月15日　　元

部门	应发工资	代扣款项	实发工资
研发部（电商平台系统）	10000	1000	9000
研发部（品牌系统）	30000	3000	27000
合计	¥40000	¥4000	¥36000

负责人：　制表人：

注：截至2019年12月15日，电商平台系统项目处于研究阶段，品牌系统项目处于开发阶段。

原凭 6-3

无形资产入账通知单

通知单位：　　2019年12月28日　　元

类别	资产编号	无形资产名称	数量	原值	摊销额		使用年限	累计摊销额	入账原因
					年摊销总额	月摊销额			
		品牌系统	1	120000			10		自行开发

主管：　制表人：

原凭 6-4

费用化研发支出年度结转汇总表

2019年12月31日　　元

无形资产项目	年度费用化支出金额
电商平台系统	50000
防晒设计	20000
合计	¥70000

负责人：　制表人：

原凭 6-5

无形资产摊销计算表

2019年12月21日　　　　元

项　目	待摊总额	本月分摊比例	本月应摊金额
土地使用权	1200000	0.5%	6000
商标权	80000	2%	1600
时尚女装设计	200000	2%	4000
品牌系统	120000	1%	1200
合　计	¥1600000		¥12800

主管：　　　　制表人：

原凭 6-6

无形资产减值测试表

2019年12月31日　　　　元

项　目	原　值	累计摊销	账面价值	可收回金额	已计提减值	应计提减值金额
土地使用权	1200000	156000		1800000	0	
商标权	80000	41600		50000	0	
时尚女装设计	200000	64000		100000	20000	
品牌系统	120000	1200		120000	0	
合　计	¥1600000	¥262800		—	¥20000	

主管：　　　　制表人：

项目 7

投资性房地产实训

实训目标

- 能对采用成本模式计量的投资性房地产业务进行会计核算及账务处理。
- 能对采用公允价值模式计量的投资性房地产业务进行会计核算及账务处理。

任务 1　采用成本模式计量的投资性房地产实训

案例 7-1　天津滨海股份有限公司投资性房地产有关资料如下。

期初余额

投资性房地产相关账户期初余额如账 7-1 至账 7-2 所示。

账 7-1

投资性房地产

户名房屋　　　　　　　　　　　　　　　　　　　　备注

2019年		记账凭证		摘要	页数	借方											√	贷方											√	借或贷	余额											√
月	日	字	号			亿	千	百	十	万	千	百	十	元	角	分		亿	千	百	十	万	千	百	十	元	角	分			亿	千	百	十	万	千	百	十	元	角	分	
12	1			期初余额																										平									0	0	0	

账 7–2

投资性房地产累计折旧

户名 房屋　　　　　　　　　　　　　　　　　　　　　　　　　　　备注

2019年		记账凭证		摘要	页数	借方											√	贷方											√	借或贷	余额											√
月	日	字	号			亿	千	百	十	万	千	百	十	元	角	分		亿	千	百	十	万	千	百	十	元	角	分			亿	千	百	十	万	千	百	十	元	角	分	
12	1			期初余额																										平									0	0	0	

业务原始凭证

投资性房地产业务 2019 年 12 月经济业务原始凭证如原凭 7-1-1 至原凭 7-3 所示。

实训要求

1. 准备记账凭证 3 张、三栏式明细账 2 张。
2. 根据业务原始凭证编制记账凭证。
3. 根据记账凭证登记投资性房地产业务相关明细账。

原凭 7-1-1

天津滨海股份有限公司 2019 年第七届董事会第八次会议决议

天津滨海股份有限公司 2019 年第七届董事会第八次会议于 2019 年 11 月 30 日在天津凯越大酒店 19 楼会议室召开。本次会议的通知已于 2019 年 11 月 11 日以书面和传真的方式送达公司各位董事、监事和高管人员。会议应参加表决董事 9 人，实际表决董事 9 人。会议符合《中华人民共和国公司法》和《公司章程》的有关规定，决议如下：

1．审议通过了《关于将西青厂房出租给天津达雅服装销售公司使用的议案》。

……

表决结果：同意票 9 票，反对票 0 票，弃权票 0 票

2．审议通过了《关于聘任公司总经理的议案》。

……

表决结果：同意票 9 票，反对票 0 票，弃权票 0 票

全体股东签字：

（法人股东加盖公章并由法定代表人签字，自然人股东亲笔签字）

张宏达　　李财　　杨阳　　……

天津滨海股份有限公司

2019 年 11 月 30 日

原凭 7-1-2

固定资产出账通知单

被通知单位：　　2019 年 12 月 01 日　　编号：　　元

类别	资产编号	固定资产名称	规格型号	建造单位			数量	原值	折旧额		使用年限	预计残值	累计已提折旧	所在地	出账原因
				名称	日期	编号			应计折旧总额	月折旧额					
房屋		西青厂房					1	10000000			20	1000000	5000000		出租

通知单位：　　经办人：

原凭 7-1-3

投资性房地产入账通知单

被通知单位：　　2019 年 12 月 01 日　　编号：　　元

类别	资产编号	投资性房地产名称	规格型号	建造单位			数量	原值	折旧额		使用年限	预计残值	累计已提折旧	所在地	出账原因
				名称	日期	编号			应计折旧总额	月折旧额					
房屋		西青厂房					1	10000000			20	1000000	5000000		出租

原凭 7-2-1

120000000000

天津增值税专用发票

№ 20235765

此联不作报销、扣税凭证使用　　　　开票日期：2019 年 12 月 10 日

购买方	名　　称：天津达雅服装销售公司 纳税人识别号：911200098765543333 地 址、电 话：天津市河北路 110 号　022-60268931 开户行及账号：工行天津市河北路支行　4085234060623894872	密码区	672<7*2345459*<818<90920902942342534* 47//2673244*3-0+672<7*234543452342342/ 818<90920*84603>58*84603453647//23244* 7658765<56+*31/58>>0023421679 2394//23

货物或应税劳务、服务名称	规格型号	单位	数量	单价	金额	税率	税额
房屋租赁（天津市西青区七里海大道 999 号）					50000.00	9%	4500.00
合　计					¥50000.00		¥4500.00
价税合计（大写）	⊗ 伍万肆仟伍佰元整				（小写）¥54500.00		

销售方	名　　称：天津滨海股份有限公司 纳税人识别号：911201117860653155 地 址、电 话：天津市开发区黄海路 109 号　022-85556666 开户行及账号：工行天津市滨海支行　2016000020203456789	备注	天津滨海股份有限公司 911201117860653155 发票专用章

收款人：　　　　复核：　　　　开票人：刘钱　　　　销售方：（章）

第一联：记账联　销售方记账凭证

原凭 7-2-2

中国工商银行　客户专用回单

币别：人民币　　　　2019 年 12 月 10 日　　　　流水号：120998987812345

付款人	全　称	天津达雅服装销售公司	收款人	全　称	天津滨海股份有限公司
	账　号	4085234060623894872		账　号	2016000020203456789
	开户银行	工行天津市河北路支行		开户银行	工行天津市滨海支行
金　额		（大写）人民币伍万肆仟伍佰元整		（小写）¥54,500.00	
凭证种类		电汇凭证	凭证号码		
结算方式		转账	用　途		租金

汇款交易日期：20191210　支付清算业务类型 A100
汇款合约编号：009394882994002943
实际收款人账户：2016000020203456789
实际收款人户名：天津滨海股份有限公司
实际收款人汇入行：工行天津市滨海支行
汇出行行名：工行天津市河北路支行
汇款备注：电子汇入

打印柜员：1290049299299
打印机构：工行天津市滨海支行
打印卡号：9668802030002049 88
汇款附言：租金

中国工商银行 电子回单 专用章

（贷方回单）（收款人回单）

原凭 7-3

投资性房地产折旧计提表

2019 年 12 月 30 日　　　　元

项　目	原　值	净残值	使用年限	月折旧额	备　注
西青厂房	10000000	1000000	20	37500	
合　计				¥37500	

主管：　　　　审核：　　　　制表人：

任务 2　采用公允价值模式计量的投资性房地产实训

案例 7-2　天津滨海股份有限公司投资性房地产、公允价值变动损益科目有关资料如下。

期初余额

投资性房地产相关账户期初余额如账 7-3 和账 7-4 所示。

账 7-3

投资性房地产

户名 A 厂房（成本）　　　　　　　　备注

2019年		记账凭证		摘要	页数	借方											√	贷方											√	借或贷	余额											√
月	日	字	号			亿	千	百	十	万	千	百	十	元	角	分		亿	千	百	十	万	千	百	十	元	角	分			亿	千	百	十	万	千	百	十	元	角	分	
12	1			期初余额																										借		2	0	0	0	0	0	0	0	0	0	

注：该厂房一直由天津达雅服装销售公司承租，2019 年 11 月租赁期满，准备于 2019 年 12 月向天津达雅服装销售公司出售。

账 7-4

投资性房地产

户名 A 厂房（公允价值变动）　　　　　　　　备注

2019年		记账凭证		摘要	页数	借方											√	贷方											√	借或贷	余额											√
月	日	字	号			亿	千	百	十	万	千	百	十	元	角	分		亿	千	百	十	万	千	百	十	元	角	分			亿	千	百	十	万	千	百	十	元	角	分	
12	1			期初余额																										借			1	5	0	0	0	0	0	0	0	

其他综合收益账户期初余额如账 7-5 所示。

账 7-5

其他综合收益

户名 A 厂房　　　　　　　　备注

2019年		记账凭证		摘要	页数	借方											√	贷方											√	借或贷	余额											√
月	日	字	号			亿	千	百	十	万	千	百	十	元	角	分		亿	千	百	十	万	千	百	十	元	角	分			亿	千	百	十	万	千	百	十	元	角	分	
12	1			期初余额																										贷			3	0	0	0	0	0	0	0	0	

注：该项为 A 厂房由自用房地产转为投资性房地产时转换日公允价值大于账面价值的差额。

业务原始凭证

投资性房地产业务 2019 年 12 月经济业务原始凭证如原凭 7-4-1 至原凭 7-6-2 所示。

实训要求

1. 准备记账凭证 4 张、三栏式明细账 4 张。
2. 根据业务原始凭证编制记账凭证。
3. 根据记账凭证登记投资性房地产业务相关明细账。

原凭 7-4-1

天津滨海股份有限公司 2019 年第七届董事会第八次会议决议

天津滨海股份有限公司 2019 年第七届董事会第八次会议于 2019 年 11 月 30 日在天津凯越大酒店 19 楼会议室召开。本次会议的通知已于 2019 年 11 月 11 日以书面和传真的方式送达公司各位董事、监事和高管人员。会议应参加表决董事 9 人，实际表决董事 9 人。会议符合《中华人民共和国公司法》和《公司章程》的有关规定，决议如下：

1．审议通过了《关于将 B 办事处房屋出租给天津达雅服装销售公司使用的议案》。

……

表决结果：同意票 9 票，反对票 0 票，弃权票 0 票

2．审议通过了《关于聘任公司总经理的议案》。

……

表决结果：同意票 9 票，反对票 0 票，弃权票 0 票

全体股东签字：

（法人股东加盖公章并由法定代表人签字，自然人股东亲笔签字）

张宏达　　李财　　杨阳　　……

天津滨海股份有限公司

2019 年 11 月 30 日

原凭 7-4-2

固定资产出账通知单

被通知单位：　　　　2019 年 12 月 01 日　　　　编号：　　　　元

类别	资产编号	固定资产名称	规格型号	建造单位			数量	原　值	折旧额		使用年限	预计残值	累计已提折旧	所在地	出账原因
				名称	日期	编号			应计折旧总额	月折旧额					
房屋		B 办事处					1	9000000			20	1000000	3000000		出租

通知单位：　　　　　　经办人：

原凭 7-4-3

投资性房地产入账通知单

被通知单位： 2019年12月01日 编号： 元

类别	资产编号	投资性房地产名称	规格型号	建造单位			数量	原值	折旧额		使用年限	预计残值	累计已提折旧	所在地	入账原因
				名称	日期	编号			应计折旧总额	月折旧额					
房屋		B办事处					1	10000000			20	1000000			出租

通知单位： 经办人：

原凭 7-4-4

公允价值确认说明

2019年12月01日 编号： 元

类别	名称	账面价值	公允价值	公允价值变动
投资性房地产	B办事处	6,000,000.00	10,000,000.00	4,000,000.00
公允价值确认说明	天津滨海股份有限公司位于天津滨海新区十三大街 1009 号 400 m² 的 B 办事处所用房屋，于 2019 年 12 月 1 日出租给天津达雅服装销售公司使用。由于该房屋公允价值能够可靠计量，故公司采用公允价值模式进行后续计量。根据天津房价网提供的数据，2019 年 11 月 30 日，天津滨海新区十三大街相近区域的房屋均价为 25,000 元/m²，故 B 办事处以 10,000,000 元作为投资性房地产入账			

固定资产管理部门主管： 财务主管： 经办人：

原凭 7-4-5

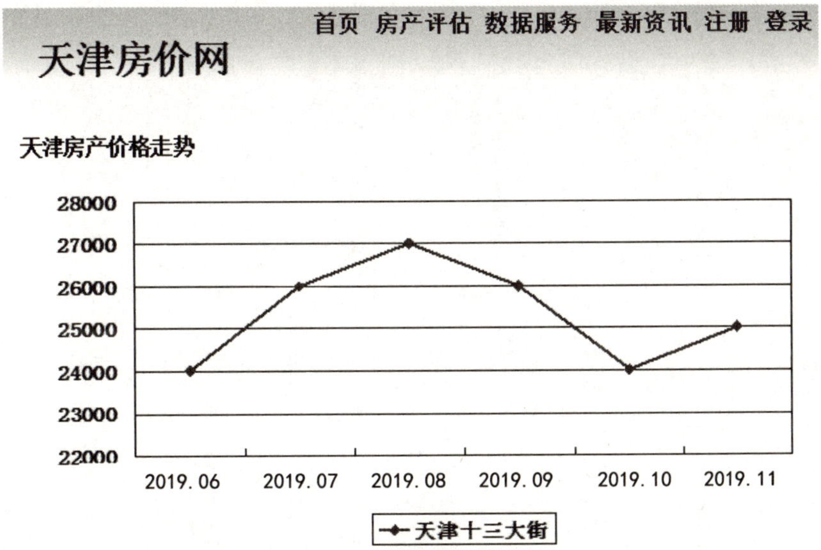

注：该凭证为下载网页，并进行打印。

原凭 7–5–1

120000000000

天津增值税专用发票　　№ 202359982

此联不作报销、扣税凭证使用　　开票日期：2019 年 12 月 15 日

购买方	名　　称：天津达雅服装销售公司 纳税人识别号：911200098765543333 地 址、电 话：天津市河北路 110 号　022-60268931 开户行及账号：工行天津市河北路支行　4085234060623894872	密码区	85993943245459*<818<90920902942342534* 0291881244*3-0+672<7*23454345234234564 764><920*84603>58*84603453647//23244* 58765<56+*31/58>>0023421679203043&*7

货物或应税劳务、服务名称	规格型号	单位	数量	单价	金额	税率	税额
销售不动产——A 厂房	十三大街 888 号		1		22000000.00	9%	1980000.00
合　计					¥22000000.00		¥1980000.000
价税合计（大写）	⊗ 贰仟叁佰玖拾捌万元整				（小写）¥23980000.00		

销售方	名　　称：天津滨海股份有限公司 纳税人识别号：911201117860653155 地 址、电 话：天津市开发区黄海路 109 号　022-85556666 开户行及账号：工行天津市滨海支行　2016000020203456789	备注	天津滨海股份有限公司 911201117860653155 发票专用章

收款人：　　复核：　　开票人：刘钱　　销售方：（章）

第一联：记账联　销售方记账凭证

注：A 厂房售价公允，已经天津恒大房地产造价咨询评估有限公司评估，并出具评估报告。

原凭 7–5–2

中国工商银行　客户专用回单

币别：人民币　　2019 年 12 月 15 日　　流水号：120998987878726

付款人	全　称	天津达雅服装销售公司	收款人	全　称	天津滨海股份有限公司
	账　号	4085234060623894872		账　号	2016000020203456789
	开户银行	工行天津市河北路支行		开户银行	工行天津市滨海支行
金　额		（大写）人民币贰仟叁佰玖拾捌万元整			（小写）¥23,980,000.00
凭证种类		电汇凭证	凭证号码		
结算方式		转账	用　途		购房款

汇款交易日期：20191215　支付清算业务类型 A100	打印柜员：1290049299299
汇款合约编号：009394882994002943	打印机构：工行天津市滨海支行
实际收款人账户：2016000020203456789	打印卡号：966880203000204988
实际收款人户名：天津滨海股份有限公司	
实际收款人汇入行：工行天津市滨海支行	中国工商银行 电子回单 专用章
汇出行行名：工行天津市河北路支行	汇款附言：购房款
汇款备注：电子汇入	

（贷方回单）（收款人回单）

原凭 7-5-3

投资性房地产出账通知单

被通知单位：　　2019年12月15日　　编号：　　元

类别	资产编号	投资性房地产名称	规格型号	建造单位			数量	原值	折旧额		使用年限	预计残值	累计已提折旧	所在地	出账原因
				名称	日期	编号			应计折旧总额	月折旧额					
房屋		A厂房					1	20000000			20				出售

通知单位：　　经办人：

原凭 7-6-1

公允价值确认说明

2019年12月31日　　编号：　　元

类别	名称	账面价值	公允价值	公允价值变动
投资性房地产	B办事处	10,000,000.00	9,800,000.00	-200,000.00
公允价值确认说明	天津滨海股份有限公司 B 办事处所用房屋位于天津滨海新区十三大街 1009 号，面积为 400 m²。根据天津房价网提供的数据，2019 年 12 月 31 日，天津滨海新区十三大街相近区域的房屋均价为 24,500 元/m²			

固定资产管理部门主管：　　财务主管：　　经办人：

原凭 7-6-2

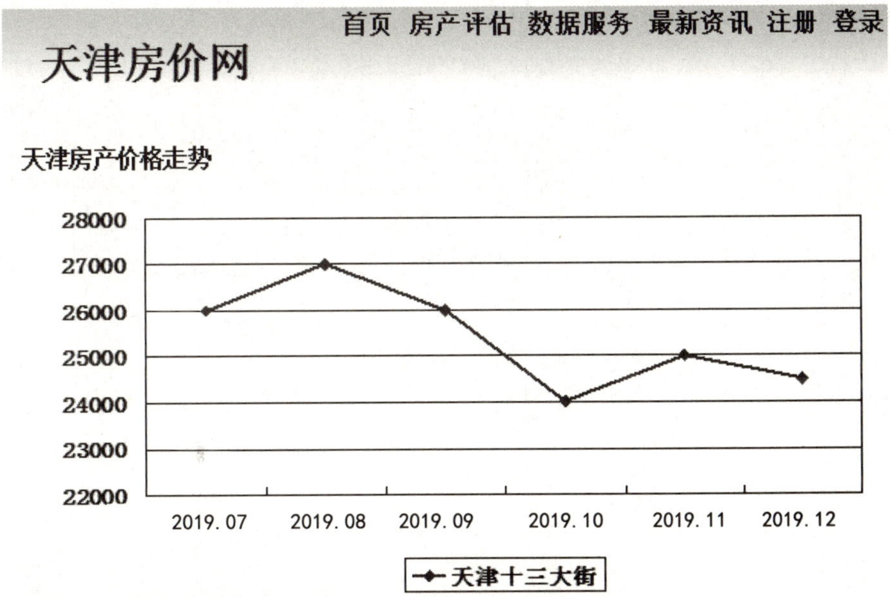

注：该凭证为下载网页，并进行打印。

项目 8

非货币性资产交换实训

实训目标

- 能对以公允价值计量的非货币性资产交换业务进行会计核算及账务处理。
- 能对以换出资产价值计量的非货币性资产交换业务进行会计核算及账务处理。
- 能对涉及补价的非货币性资产交换业务进行会计核算及账务处理。

任务 1　以公允价值计量的实训

案例 8–1　天津滨海股份有限公司非货币性资产交换有关资料如下。

期初余额

待交换的资产期初余额如账 8-1 至账 8-3 所示。

账 8–1

固定资产

户名 A设备　　　　　　　　　　　　　　　　　　备注

2019年		记账凭证		摘要	页数	借方											√	贷方											√	借或贷	余额											√
月	日	字	号			亿	千	百	十	万	千	百	十	元	角	分		亿	千	百	十	万	千	百	十	元	角	分			亿	千	百	十	万	千	百	十	元	角	分	
12	1			期初余额																										借				1	5	0	0	0	0	0	0	

账 8–2

累计折旧

户名 A设备　　　　　　　　　　　　　　　　　　　　　　备注

2019年		记账凭证		摘要	页数	借方											√	贷方											√	借或贷	余额											√
月	日	字	号			亿	千	百	十	万	千	百	十	元	角	分		亿	千	百	十	万	千	百	十	元	角	分			亿	千	百	十	万	千	百	十	元	角	分	
12	1			期初余额																										贷					4	0	0	0	0	0	0	

账 8–3

固定资产清理

户名　　　　　　　　　　　　　　　　　　　　　　　　　备注

2019年		记账凭证		摘要	页数	借方											√	贷方											√	借或贷	余额											√
月	日	字	号			亿	千	百	十	万	千	百	十	元	角	分		亿	千	百	十	万	千	百	十	元	角	分			亿	千	百	十	万	千	百	十	元	角	分	
12	1			期初余额																										平									0	0	0	

业务原始凭证

资产交换 2019 年 12 月经济业务原始凭证如原凭 8-1-1 至原凭 8-1-9 所示。

实训要求

1. 准备记账凭证 4 张、三栏式明细账 3 张。
2. 根据业务原始凭证编制记账凭证。
3. 根据记账凭证登记非货币性交易涉及的明细账。

原凭 8–1–1

非货币性资产交换协议

天津滨海股份有限公司以 2015 年购入的生产经营用 A 设备（原值 150 000 元，已提折旧 40 000 元，资产减值准备 0 元，公允价值 100 000 元）换入天津东纺有限公司棉布一批（账面价值 90 000 元，公允价值 90 000 元）。天津东纺有限公司以银行存款 11 600 元向天津滨海股份有限公司支付补价。天津滨海股份有限公司将换入的棉布作为原材料，天津东纺有限公司将换入的 A 设备作为固定资产。该项资产交换具有商业实质。双方应于 2019 年 12 月 6 日完成资产的交付及补价的支付。

甲方：天津滨海股份有限公司
法人代表签章：张宏达
甲方公章：
2019 年 12 月 2 日

乙方：天津东纺有限公司
法人代表签章：刘福
乙方公章：
2019 年 12 月 2 日

原凭 8–1–2

1200000000000　　**天津增值税专用发票**　　№ 20203827

此联不作报销、扣税凭证使用　　开票日期：2019 年 12 月 06 日

购买方	名　称：天津东纺有限公司 纳税人识别号：91120204637288785 地址、电话：天津市泰安道 2940 号　022-27489698 开户行及账号：农行泰安道支行　3561234890987653246	密码区	7622029423->02947/-3947/->029420294 342/5437>/0/433>2*3-0+672<452342342/ 58*8460341+-<<51+41+>*>53647//23244* 23244*16792394//237658765<56+*358*846

货物或应税劳务、服务名称	规格型号	单位	数量	单价	金额	税率	税额
A 设备		台	1	100000	100000.00	13%	13000.00
合　计					¥100000.00		¥13000.00
价税合计（大写）	⊗壹拾壹万叁仟元整				（小写）¥113000.00		

销售方	名　称：天津滨海股份有限公司 纳税人识别号：911201117860653155 地址、电话：天津市开发区黄海路 109 号　022-85556666 开户行及账号：工行天津市滨海支行　2016000020203456789	备注	天津滨海股份有限公司 911201117860653155 发票专用章

收款人：　　复核：　　开票人：刘钱　　销售方：（章）

第一联：记账联　销售方记账凭证

原凭 8–1–3

固定资产出账通知单

被通知单位：　　　　　　2019年12月05日　　　　　　编号　　　　　　元

类别	资产编号	固定资产名称	规格型号	建造单位			数量	原值	折旧额		使用年限	预计残值	累计已提折旧	所在地	出账原因
				名称	日期	编号			应计折旧总额	月折旧额					
设备	02	A					1	150000			10	10000	40000		交换

通知单位：　　　　　　　　　　　　　　经办人：

原凭 8–1–4

固定资产处置报告单

2019年12月05日

固定资产名称	单位	数量	预计使用年限	原值/元	已提折旧/元	已提减值/元	预计净残值/元
A设备	台	1	10	150000	40000	0	10000
使用部门	缝制车间						
固定资产状况	交换						
处理意见	使用部门		技术鉴定小组		固定资产管理部门		主管部门审批
	同意出售 张景		同意出售 王勃		同意出售 李琛		同意出售 朱观

原凭 8–1–5

中国工商银行
转账支票存根
10201232
17400854

附加信息

出票日期：2019年12月06日

收款人：	天津翔阳搬运有限公司
金　额：	¥1000.00
用　途：	搬运清理费

单位主管　　　　会计

原凭 8-1-6

120000000000

天津增值税普通发票

发　票　联

№ 82930246

开票日期：2019 年 12 月 06 日

购买方	名　　　称：天津滨海股份有限公司 纳税人识别号：911201117860653155 地 址、电 话：天津市开发区黄海路 109 号　022-85556666 开户行及账号：工行天津市滨海支行　2016000020203456789	密码区	993093338=947/->5937/-3947/->39>59 32+672<7*7>/0/445>2-3-9876546>5954 *84601+-<=-1-34+>86987612345566>59 *31/58>0+09*765*&554336789989777/-3

货物或应税劳务、服务名称	规格型号	单位	数量	单价	金额	税率	税额
搬运					970.87	3%	29.13
合　计					¥970.87		¥29.13
价税合计（大写）	⊗ 壹仟元整				（小写）¥1000.00		

销售方	名　　　称：天津翔阳搬运有限公司 纳税人识别号：91120456785112811 地 址、电 话：天津市和平区湖北路 188 号　022-32039281 开户行及账号：建行湖北路支行　3291020349405578381	备注	天津翔阳搬运有限公司 91120456785112811 发票专用章

收款人：　　　　复核：　　　　开票人：　　　　销售方：（章）

第三联：发票联　购买方记账凭证

原凭 8-1-7

120000000000

天津增值税专用发票

发　票　联

№ 20191223

开票日期：2019 年 12 月 06 日

购买方	名　　　称：天津滨海股份有限公司 纳税人识别号：911201117860653155 地 址、电 话：天津市开发区黄海路 109 号　022-85556666 开户行及账号：工行天津市滨海支行　2016000020203456789	密码区	658=947/->59-<865<90>59*<8188=947 7>/0/445>2-3-0+672<7*+672<7*23445>2 544460371-34+>/58*8460>58*8460372<72 9*765<56+*31/58>09661/58>>0029*765

货物或应税劳务、服务名称	规格型号	单位	数量	单价	金额	税率	税额
棉布	gp	米	1000	90.00	90000.00	13%	11700.00
合　计					¥90000.00		¥11700.00
价税合计（大写）	⊗ 壹拾万壹仟柒佰元整				（小写）¥101700.00		

销售方	名　　　称：天津东纺有限公司 纳税人识别号：91120204637288785 地 址、电 话：天津市泰安道 2940 号　022-27489698 开户行及账号：农行泰安道支行　3561234890987653246	备注	天津东纺有限公司 91120204637288785 发票专用章

收款人：　　　　复核：　　　　开票人：　　　　销售方：（章）

第三联：发票联　购买方记账凭证

原凭 8-1-8

材料入库验收单

售货单位：　　　　　　　　　　　　　　　　　　　　　　　　　　　　验字第　　号

单据号数：　　　　　　　　　　2019 年 12 月 06 日　　　　　　　　　　结算方式：

材料编号	名称及规格	计量单位	数量		实际金额/元	
			采购	实收	单价	总价
			1000	1000	90	90000
101	棉布	米	运费/元		合计/元	
验收意见	合格		单价	总价	单价	总价
入库时间	2019.12.06				90	90000

仓库主管：　　　材料会计：　　　收料员：　　　经办人：　　　制单：

原凭 8-1-9

中国工商银行　客户专用回单

币别：人民币　　　　　　　　2019 年 12 月 06 日　　　　　　　　流水号：120998987830000

付款人	全称	天津东纺有限公司	收款人	全称	天津滨海股份有限公司
	账号	3561234890987653246		账号	2016000020203456789
	开户银行	农行泰安道支行		开户银行	工行天津市滨海支行
金额		（大写）人民币壹万壹仟叁佰元整　　（小写）¥11,300.00			
凭证种类		电汇凭证	凭证号码		
结算方式		转账	用途		补价
汇款交易日期：20191206　支付清算业务类型 A100 汇款合约编号：009394882994002943 实际收款人账户：2016000020203456789 实际收款人户名：天津滨海股份有限公司 实际收款人汇入行：工行天津市滨海支行 汇出行行名：农行泰安道支行 汇款备注：电子汇入			打印柜员：1290049299299 打印机构：工行天津市滨海支行 打印卡号：9668802030002049988 （印章：中国工商银行 电子回单专用章） 汇款附言：补价		

（贷方回单）（收款人回单）

任务 2　以换出资产账面价值计量的实训

案例 8-2　天津滨海股份有限公司非货币性资产交换有关资料如下。

期初余额

待交换的资产期初余额如账 8-4 和账 8-5 所示。

账 8-4

长期股权投资

户名 天津万盛　　　　　　　　　　　　　　　　　　备注

2019年		记账凭证		摘要	页数	借方											√	贷方											√	借或贷	余额											√
月	日	字	号			亿	千	百	十	万	千	百	十	元	角	分		亿	千	百	十	万	千	百	十	元	角	分			亿	千	百	十	万	千	百	十	元	角	分	
12	1			期初余额																										借				1	0	0	0	0	0	0	0	

注：采用成本法核算。

账 8-5

长期股权投资减值准备

户名 天津万盛　　　　　　　　　　　　　　　　　　备注

2019年		记账凭证		摘要	页数	借方											√	贷方											√	借或贷	余额											√
月	日	字	号			亿	千	百	十	万	千	百	十	元	角	分		亿	千	百	十	万	千	百	十	元	角	分			亿	千	百	十	万	千	百	十	元	角	分	
12	1			期初余额																										贷					1	0	0	0	0	0	0	

业务原始凭证

资产交换 2019 年 12 月经济业务原始凭证如原凭 8-2-1 至原凭 8-2-4 所示。

实训要求

1. 准备记账凭证 1 张、三栏式明细账 2 张。
2. 根据业务原始凭证编制记账凭证。
3. 根据记账凭证登记非货币性交易涉及的明细账。

原凭 8–2–1

非货币性资产交换协议

天津滨海股份有限公司以天津万盛有限公司长期股权投资（账面原值 100 000 元，减值准备 10 000 元），换入天津东纺有限公司专有技术一项（账面原值 90 000 元，未计提减值准备）。天津滨海股份有限公司将换入的专有技术作为无形资产，天津东纺有限公司将换入的天津万盛股权作为长期股权投资。双方交换的资产均无法取得公允价值。双方应于 2019 年 12 月 8 日完成相关资产的转让手续。

甲方：天津滨海股份有限公司
法人代表签章：张宏达
甲方公章：（天津滨海股份有限公司）
2019 年 12 月 4 日

乙方：天津东纺有限公司
法人代表签章：刘辐
乙方公章：（天津东纺有限公司）
2019 年 12 月 4 日

原凭 8–2–2

股权转让协议

出让方：天津滨海股份有限公司（以下简称甲方）
受让方：天津东纺有限公司（以下简称乙方）

甲、乙双方根据有关法律、法规的规定，经友好协商，就甲方将其所持天津万盛有限公司 80%的股权转让给乙方之相关事宜达成一致，特签订本合同，以使各方遵照执行。

一、转让标的

……

二、各方的陈述与保证

……

三、转让价款及支付

甲、乙双方同意并确认，本合同项下的股权转让价款为乙方的 C 专有技术。

……

甲方：天津滨海股份有限公司
法人代表签章：张宏达
甲方公章：（天津滨海股份有限公司）
2019 年 12 月 8 日

乙方：天津东纺有限公司
法人代表签章：刘辐
乙方公章：（天津东纺有限公司）
2019 年 12 月 8 日

原凭 8-2-3

120000000000

天津增值税专用发票

№ 20191228

发 票 联

开票日期：2019 年 12 月 08 日

购买方	名　　称：天津滨海股份有限公司 纳税人识别号：911201117860653155 地 址、电 话：天津市开发区黄海路 109 号　022-85556666 开户行及账号：工行天津市滨海支行　2016000020203456789	密码区	59-<865<59-<865<865<90>59*<8188=947 597>/0/445>2-3-0+672<7*+672<7*259-<8 59-<865<371-34+>/58*8460>58*84603722 9*765<56+*31/58>09661/58>>59-<865<5

货物或应税劳务、服务名称	规格型号	单位	数量	单价	金额	税率	税额
C 专有技术			1	90000	90000.00	6%	5400.00
合　计					¥90000.00		¥5400.00
价税合计（大写）	⊗ 玖万伍仟肆佰元整				（小写）¥95400.00		

销售方	名　　称：天津东纺有限公司 纳税人识别号：91120204637288785 地 址、电 话：天津市泰安道 2940 号　022-27489698 开户行及账号：农行泰安道支行　3561234890987653246	备注	天津东纺有限公司 91120204637288785 发票专用章

收款人：　　复核：　　开票人：　　销售方：（章）

第三联：发票联　购买方记账凭证

原凭 8-2-4

无形资产入账通知单

通知单位：　　2019 年 12 月 08 日　　元

类别	资产编号	无形资产名称	数量	原　值	摊销额		使用年限	累计摊销额	入账原因
					年摊销总额	月摊销额			
		C 专有技术					10		换入

主管：　　制表人：

项目 9

负债实训

实训目标

- 能对短期借款业务进行会计核算及账务处理。
- 能对应付账款业务进行会计核算及账务处理。
- 能对应付票据业务进行会计核算及账务处理。
- 能对应付职工薪酬业务进行会计核算及账务处理。
- 能对应交税费业务进行会计核算及账务处理。

任务 1　短期借款实训

案例 9-1

天津滨海股份有限公司短期借款有关资料如下。

期初余额

短期借款期初余额如账 9-1 所示。

账 9–1

短期借款

户名天津恒源股份有限公司　　　　备注

2019 年		记账凭证		摘要	页数	借方										√	贷方										√	借或贷	余额										√
月	日	字	号			亿	千	百	十	万	千	百	十	元	角	分		亿	千	百	十	万	千	百	十	元	角	分			亿	千	百	十	万	千	百	十	元	角	分	
12	1			期初余额																										贷				1	0	0	0	0	0	0	0	

注：该短期借款为 2019 年 9 月 10 日借入，期限 3 个月，年利率 6%。

业务原始凭证

短期借款2019年12月经济业务原始凭证如原凭9-1-1至9-2-3所示。

实训要求

1. 准备记账凭证3张、三栏式明细账2张。
2. 根据业务原始凭证编制记账凭证。
3. 根据记账凭证登记短期借款明细账。

原凭 9–1–1

借款合同书

2019 年 12 月 2 日

甲方：中国银行天津滨海分行

乙方：天津滨海股份有限公司

经甲、乙双方友好协商达成如下借款合同，严格履行。

一、借款金额

壹拾贰万元人民币。

二、借款用途

公司基本建设工程付款。

三、借款时间及本息结算还款办法

借款时间：2019 年 12 月 2 日至 2020 年 12 月 2 日。年利率 5%，还款时本息一次付清。乙方若有资金和还款能力提前还款，甲方同意乙方提前一周声明并按实际使用时间归还本息。

四、质押物品及化解风险的措施

乙方用房产使用证作为抵押。乙方不能按时归还本息，甲方有权将抵押房屋变卖收回本息。

五、上述合同一式三份，自签字到款之日起生效。甲、乙双方及担保证人各存一份。若有争议，协商解决。

甲方签字盖章：李进　　　　乙方签字盖章：张宏达

原凭 9–1–2

中国银行借款凭证

第　　页

实际发出日期：2019 年 12 月 02 日　　　　凭证编号：I00474013

<table>
<tr><td>借款人</td><td>天津滨海股份有限公司</td><td>贷款账号</td><td colspan="3">40401234578628385 67</td><td>存款账号</td><td colspan="10">20353281286164567 89</td></tr>
<tr><td rowspan="2">贷款金额</td><td rowspan="2">人民币（大写）</td><td colspan="5" rowspan="2">壹拾贰万元整</td><td>千</td><td>百</td><td>十</td><td>万</td><td>千</td><td>百</td><td>十</td><td>元</td><td>角</td><td>分</td></tr>
<tr><td></td><td>¥</td><td>1</td><td>2</td><td>0</td><td>0</td><td>0</td><td>0</td><td>0</td><td>0</td></tr>
<tr><td rowspan="2">用途</td><td rowspan="2">固定贷款</td><td>期　限</td><td colspan="2">约定还款日期</td><td colspan="12">2020 年 12 月 02 日</td></tr>
<tr><td>1 年</td><td>贷款利率</td><td>5%</td><td colspan="2">借款合同号码</td><td colspan="10">C0059</td></tr>
<tr><td colspan="2" rowspan="6">兹借到上列贷款，保证按规定用途使用，不作他用，到期时请凭此证收回贷款。

（借款人印鉴）</td><td colspan="15">分 次 还 款 记 录</td></tr>
<tr><td colspan="3">日　期</td><td rowspan="2">还款金额</td><td rowspan="2">余　额</td><td rowspan="2">经办</td><td colspan="9" rowspan="2">复核</td></tr>
<tr><td>年</td><td>月</td><td>日</td></tr>
<tr><td></td><td></td><td></td><td></td><td></td><td></td><td colspan="9"></td></tr>
<tr><td></td><td></td><td></td><td></td><td></td><td></td><td colspan="9"></td></tr>
<tr><td></td><td></td><td></td><td></td><td></td><td></td><td colspan="9"></td></tr>
</table>

中行滨海分行 2019.12.02 业务 转讫

银行审批意见　　　　行长　　　　信贷科长　　　　信贷员

原凭 9-2-1

付 款 申 请 书

2019年12月10日

付款单位：天津滨海股份有限公司	申请人：王娜
付款原因：偿还短期借款及利息	
付款金额：人民币（大写）壹拾万壹仟伍佰元整	
付款方式：现金　　支票　　电汇√　　其他	
收款单位：天津恒源股份有限公司	
收款单位开户银行及账号：工行郑州分行　1212346123456789012	
财务主管审批：李财	单位负责人签字：朱观

原凭 9-2-2

中国建设银行　电汇凭证（借方凭证）　2

□普通 □加急　　委托日期 2019年12月10日　　NO.：20191201

汇款人	全　称	天津滨海股份有限公司	收款人	全　称	天津恒源股份有限公司
	账　号	2008100361235331236		账　号	1212346123456789012
	汇出地点	省 天津 市/县		汇入地点	省 天津 市/县
汇出行名称		建行天津市宏达支行	汇入行名称		工行郑州分行
金额	人民币（大写）	壹拾万壹仟伍佰元整			

亿	千	百	十	万	千	百	十	元	角	分
		¥	1	0	1	5	0	0	0	0

此汇款支付给收款人。 汇款人签章	支付密码 附加信息及用途：偿还借款 建行宏达支行 2019.12.10 业务 转讫 复核　　记账

此联汇出行作借方凭证

原凭 9-2-3

利 息 计 算 单

2019年12月10日

日　期	项　目	金额/元
2019年12月	天津恒源股份有限公司短期借款	100000×6%÷12×3=1500
合　计		¥1500

主管：　　　　制表：

任务 2　应付账款实训

案例 9-2　天津滨海股份有限公司应付账款有关资料如下。

期初余额

应付账款期初余额如账 9-2 至账 9-4 所示。

账 9-2

应付账款

户名天津腾华纺织有限公司　　　　备注

2019年		记账凭证		摘要	页数	借方											√	贷方											√	借或贷	余额											√
月	日	字	号			亿	千	百	十	万	千	百	十	元	角	分		亿	千	百	十	万	千	百	十	元	角	分			亿	千	百	十	万	千	百	十	元	角	分	
12	1			期初余额																										贷					5	0	0	0	0	0	0	

注：该账户余额为 2019 年 10 月 30 日购入材料产生的应付账款。

账 9-3

应付账款

户名天津东纺有限公司　　　　备注

2019年		记账凭证		摘要	页数	借方											√	贷方											√	借或贷	余额											√
月	日	字	号			亿	千	百	十	万	千	百	十	元	角	分		亿	千	百	十	万	千	百	十	元	角	分			亿	千	百	十	万	千	百	十	元	角	分	
12	1			期初余额																										贷					7	0	2	0	0	0	0	

注：该账户余额为 2019 年 6 月 30 日购入材料产生的应付账款。

账 9-4

应付账款

户名天津浩然材料有限公司　　　　备注

2019年		记账凭证		摘要	页数	借方											√	贷方											√	借或贷	余额											√
月	日	字	号			亿	千	百	十	万	千	百	十	元	角	分		亿	千	百	十	万	千	百	十	元	角	分			亿	千	百	十	万	千	百	十	元	角	分	
12	1			期初余额																										贷					2	0	0	0	0	0	0	

注：该账户余额为 2019 年 10 月 25 日购入材料产生的应付账款。

本案例涉及存货的，采用实际成本法核算。

业务原始凭证

应付账款 2019 年 12 月经济业务原始凭证如原凭 9-3-1 至原凭 9-5 所示。

实训要求

1. 准备记账凭证 3 张、三栏式明细账 3 张。
2. 根据业务原始凭证编制记账凭证。
3. 根据记账凭证登记应付账款各明细账。

原凭 9-3-1

120000000000

天津增值税专用发票

发票联

№ 20193456

开票日期：2019 年 12 月 02 日

购买方	名　　称：天津滨海股份有限公司 纳税人识别号：911201117860653155 地 址、电 话：天津市开发区黄海路 109 号　022-85556666 开户行及账号：工行天津市滨海支行　2016000020203456789	密码区	47/-3947/->59*<818<9>59*<818<9092 7>/0/433>2*3-0+672<7*+672<7*23472<7 1+-<<51+41+>*>58*846058*8460372<722 7658765<56+*31/58>>001/58>>00272222

货物或应税劳务、服务名称	规格型号	单位	数量	单价	金额	税率	税额
涤纶	gp	米	10000	10.50	105000.00	13%	13650.00
合　计					¥105000.00		¥13650.00
价税合计（大写）	⊗ 壹拾壹万捌仟陆佰伍拾元整				（小写）¥118650.00		

销售方	名　　称：天津腾华纺织有限公司 纳税人识别号：91120200999998785 地 址、电 话：天津市云南路 2990 号　022-23489898 开户行及账号：工行云南路支行　6221010134896079234	备注	天津腾华纺织有限公司 91120200999998785 发票专用章

收款人：　　　　复核：　　　　开票人：　　　　销售方：（章）

第三联：发票联　购买方记账凭证

原凭 9-3-2

材料入库验收单

售货单位：天津腾华纺织有限公司　　　　验字第　　号

单据号数：001　　　　2019 年 12 月 02 日　　　　结算方式：

材料编号	名称及规格	计量单位	数量		实际金额/元	
			采　购	实　收	单　价	总　价
			10000	10000	10.50	105000.00
M002	涤纶	米	运费/元		合计/元	
验收意见	合格		单　价	总　价	单　价	总　价
入库时间	2019 年 12 月 02 日				10.50	105000.00

仓库主管：　　材料会计：　　收料员：　　经办人：　　制单：

原凭 9–4

中国工商银行 转账支票存根 10201232 17400859
附加信息
出票日期：2019年12月20日
收款人：天津东纺有限公司
金　额：¥70200.00
用　途：偿还欠款
单位主管　　　　会计

原凭 9–5

应付账款转销申请书

2019 年 12 月 31 日

由于天津浩然材料有限公司已于 2019 年 10 月 31 日注销，应付该公司货款 20 000 元（贰万元整）无法偿还，特向公司领导报批，经批准予以转销。

总经理：朱观　　　　会计主管：李财

2019 年 12 月 31 日　　　　2019 年 12 月 31 日

任务3 应付票据实训

案例9-3 天津滨海股份有限公司应付票据有关资料如下。

期初余额

应付账款期初余额如账9-5和账9-6所示。

账9-5

应付票据

户名天津东纺有限公司　　　　备注

2019年		记账凭证		摘要	页数	借方											√	贷方											√	借或贷	余额											√
月	日	字	号			亿	千	百	十	万	千	百	十	元	角	分		亿	千	百	十	万	千	百	十	元	角	分			亿	千	百	十	万	千	百	十	元	角	分	
12	1			期初余额																										贷					1	0	0	0	0	0	0	

注：该账户余额为2019年10月30日购入材料时签发的6个月到期的不带息商业汇票。

账9-6

应付票据

户名天津新文化有限公司　　　　备注

2019年		记账凭证		摘要	页数	借方											√	贷方											√	借或贷	余额											√
月	日	字	号			亿	千	百	十	万	千	百	十	元	角	分		亿	千	百	十	万	千	百	十	元	角	分			亿	千	百	十	万	千	百	十	元	角	分	
12	1			期初余额																										贷					8	6	0	0	0	0	0	

注：该账户余额为2019年11月26日签发的1个月到期的商业汇票，年利率6%。

业务原始凭证

应付票据2019年12月经济业务原始凭证如原凭9-6-1至原凭9-8所示。

实训要求

1. 准备记账凭证3张、三栏式明细账2张。
2. 根据业务原始凭证编制记账凭证。
3. 根据记账凭证登记应付票据各明细账。

原凭 9-6-1

120000000000　　天津增值税专用发票　　№ 20208765

（印章：全国统一发票监制章 天津 国家税务总局监制）

发 票 联

开票日期：2019 年 12 月 23 日

购买方	名　　称：天津滨海股份有限公司 纳税人识别号：911201117860653155 地 址、电 话：天津市开发区黄海路 109 号　022-85556666 开户行及账号：工行天津市滨海支行　2016000020203456789	密码区	658=947/->59-<865<90>59*<818<9093 7>/0/445>2-3-0+672<7*+672<7*2347245 1+-<=-1-34+>/58*8460>58*8460372\\0 9*765<56+*31/58>09661/58>>0027221

货物或应税劳务、服务名称	规格型号	单位	数量	单价	金额	税率	税额
涤纶	gp	米	8000	8.00	64000.00	13%	8320.00
合　计					¥64000.00		¥8320.00
价税合计（大写）	⊗ 柒万贰仟叁佰贰拾元整				（小写）¥72320.00		

销售方	名　　称：天津东纺有限公司 纳税人识别号：91120204637288785 地 址、电 话：天津市泰安道 2940 号　022-27489698 开户行及账号：农行泰安道支行　3561234890987653246	备注	（印章：天津东纺有限公司 91120204637288785 发票专用章）

收款人：　　复核：　　开票人：　　销售方：（章）

第三联：发票联　购买方记账凭证

原凭 9-6-2

材料入库验收单

售货单位：天津东纺有限公司　　验字第　　号

单据号数：001　　2019 年 12 月 23 日　　结算方式：

材料编号	名称及规格	计量单位	数量		实际金额/元	
			采　购	实　收	单　价	总　价
			8000	8000	8.00	64000.00
M002	涤纶	米	运费/元		合计/元	
验收意见	合格		单　价	总　价	单　价	总　价
入库时间	2019 年 12 月 23 日				8.00	64000.00

仓库主管：　　材料会计：　　收料员：　　经办人：　　制单：

原凭 9-6-3

商业承兑汇票

3　　10200000

00000002

出票日期（大写）贰零壹玖 年 壹拾贰 月 贰拾叁 日

付款人	全称	天津滨海股份有限公司	收款人	全称	天津东纺有限公司
	账号	2016000020203456789		账号	3561234890987653246
	开户银行	工行天津市滨海支行		开户银行	农行天津市泰安道支行

出票金额	人民币（大写）	柒万贰仟叁佰贰拾元整	亿	千	百	十	万	千	百	十	元	角	分
						¥	7	2	3	2	0	0	0

汇票到期日（大写）	贰零贰零年零叁月贰拾叁日	付款人开户行	行号	201
交易合同号码	569240		地址	天津开发区金融街506号
备注：				

原凭 9-7

利息计算单

日期	项目	金额/元
2019年12月26日	应付票据计息（新文化）	86000×6%÷12×1=430
合计		¥430.00

主管：　　　　制表：

原凭 9-8

委托收款凭证　（付款通知）　1

邮　　委托日期 2019年12月26日　　委托号码 00329　第　号

付款人	全称	天津滨海股份有限公司	收款人	全称	新文化有限公司
	账号	2016000020203456789		账号	0271002278283255467
	开户银行	工行天津市滨海支行		开户银行	建行河东支行

出票金额	人民币（大写）	捌万陆仟肆佰叁拾元整	千	百	十	万	千	百	十	元	角	分
					¥	8	6	4	3	0	0	0

款项内容	商业承兑到期	委托收款凭证名称	商业承兑汇票	附寄单证张数	1张
备注：		款项收托日期　年　月　日		中国建设银行天津河东支行 2019.12.26 业务转讫	收款人开户银行签章

单位主管　　会计　　复核　　记账

任务 4　应付职工薪酬实训

案例 9-4　天津滨海股份有限公司应付职工薪酬有关资料如下。

期初余额

应付职工薪酬期初余额如账 9-7 所示。

账 9-7

应付职工薪酬

户名________　　　　　　备注________

2019年		记账凭证		摘要	页数	借方											√	贷方											√	借或贷	余额											√
月	日	字	号			亿	千	百	十	万	千	百	十	元	角	分		亿	千	百	十	万	千	百	十	元	角	分			亿	千	百	十	万	千	百	十	元	角	分	
12	1			期初余额																										平									0	0	0	

业务原始凭证

应付职工薪酬 2019 年 12 月经济业务原始凭证如原凭 9-9-1 至原凭 9-10 所示。

实训要求

1. 准备记账凭证 3 张、三栏式明细账 1 张。
2. 根据业务原始凭证编制记账凭证。
3. 根据记账凭证登记应付职工薪酬明细账。

原凭 9-9-1

工资结算汇总表

2019 年 12 月 元

部门		应付工资	代扣款项						实发工资
			医疗保险	养老保险	大额医疗基金	住房公积金	失业保险	个人所得税	
加工车间	生产工人	120000	960	7800	1000	12000	1200	1080	95960
	管理人员	15000	160	1200	150	1500	150	120	11720
	小 计	135000	1120	9000	1150	13500	1350	1200	107680
机修车间		24000	192	1500	200	2400	240	210	19258
动力车间		26000	220	1680	220	2600	260	180	20840
行政管理部门		50000	400	2500	450	5000	500	350	40800
合 计		¥235000	¥1932	¥14680	¥2020	¥23500	¥2350	¥1940	¥188578

财务负责人： 制表人：

原凭 9-9-2

工 资 分 配 汇 总 表

2019 年 12 月 元

科目 \ 部门	加工车间	机修车间	动力车间	行政管理部门	合 计
生产成本	120000				120000
制造费用	15000	24000	26000		65000
管理费用				50000	50000
合 计	¥135000	¥24000	¥26000	¥50000	¥235000

财务负责人： 制表人：

原凭 9-10

业务回单（付款）

日期：2019 年 12 月 31 日 回单编号： 18000000000

付款人户名：天津滨海股份有限公司 付款人开户行：工行天津市滨海支行

付款人账号：20160000202034567 89

收款人户名：天津滨海股份有限公司-代发工资专户 收款人开户行：建行繁荣路支行

收款人账号：2318570329402032039 2016000020203456666

金额：壹拾捌万捌仟伍佰柒拾捌元整 小写：188,578.00 元

业务（产品）种类：跨行发报 凭证种类：2010 版业务委托书 凭证号码：20199283

摘要：代发工资 币种：人民币

交易机构：0000000000 记账柜员： 00000 交易代码： 00000 渠道：其他

附言：代发工资

支付交易序号：00000000 报文种类：大额客户发起汇兑业务 委托日期：2019-12-31

业务类型（种类）：普通汇兑

中国工商银行天津市滨海支行 2019.12.31 业务 转讫

本回单为第 1 次打印，注意重复 打印日期：2019 年 12 月 31 日 打印柜员：2 验证码：000000000000

任务 5　应交税费实训

案例 9-5　天津滨海股份有限公司应交税费有关资料如下。

期初余额

应交税费期初余额如账 9-8 至账 9-10 所示。

账 9-8

应交税费

户名 增值税　　　　备注

2019年		记账凭证		摘要	页数	借方											✓	贷方											✓	借或贷	余额											✓
月	日	字	号			亿	千	百	十	万	千	百	十	元	角	分		亿	千	百	十	万	千	百	十	元	角	分			亿	千	百	十	万	千	百	十	元	角	分	
12	1			期初余额																										贷				2	4	9	3	4	0	9	0	

注：该账户余额为 2019 年 11 月应交未交的增值税。

账 9-9

应交税费

户名 城建税　　　　备注

2019年		记账凭证		摘要	页数	借方											✓	贷方											✓	借或贷	余额											✓
月	日	字	号			亿	千	百	十	万	千	百	十	元	角	分		亿	千	百	十	万	千	百	十	元	角	分			亿	千	百	十	万	千	百	十	元	角	分	
12	1			期初余额																										贷					1	7	4	5	3	8	6	

注：该账户余额为 2019 年 11 月应交未交的城建税。

账 9-10

应交税费

户名 教育费附加　　　　备注

2019年		记账凭证		摘要	页数	借方											✓	贷方											✓	借或贷	余额											✓
月	日	字	号			亿	千	百	十	万	千	百	十	元	角	分		亿	千	百	十	万	千	百	十	元	角	分			亿	千	百	十	万	千	百	十	元	角	分	
12	1			期初余额																										贷						7	4	8	0	2	3	

注：该账户余额为 2019 年 11 月应交未交的教育费附加。

业务原始凭证

应交税费 2019 年 12 月经济业务原始凭证如原凭 9-11 和原凭 9-13 所示。

实训要求

1. 准备记账凭证 2 张、三栏式明细账 3 张。
2. 根据业务原始凭证编制记账凭证。
3. 根据记账凭证登记应交税费各明细账。

原凭 9–11

国内支付业务付款回单

转账日期：2019 年 12 月 6 日　　凭证字号 2019120683728492

纳税人全称及纳税人识别号：天津滨海股份有限公司

911201117860653155

付款人全称：天津滨海股份有限公司

付款人账号：2016000020203456789　　征收机关名称：天津市经济技术开发区国家税务局

付款人开户银行：工行天津市滨海支行　　收款国库（银行）名称：国家金库天津经济技术开发区支库

小写（合计）金额：¥249,340.90　　缴款书交易流水号：87290493

大写（合计）金额：人民币贰拾肆万玖仟叁佰肆拾元玖角整　　税票号码：320302003000001234

税（费）种名称	所属日期	实缴金额
增值税	20191101—20191130	¥249,340.90

中国工商银行股份有限公司 天津市滨海支行 业务专用章

第二联　作付款回单　　复核　　记账

原凭 9–12

国内支付业务付款回单

转账日期：2019 年 12 月 6 日　　凭证字号 2019120683728687

纳税人全称及纳税人识别号：天津滨海股份有限公司

911201117860653155

付款人全称：天津滨海股份有限公司

付款人账号：2016000020203456789　　征收机关名称：天津市滨海新区第四地方税务分局

付款人开户银行：工行天津市滨海支行　　收款国库（银行）名称：国家金库天津经济技术开发区支库

小写（合计）金额：¥24,934.09　　缴款书交易流水号：66290492

大写（合计）金额：人民币贰万肆仟玖佰叁拾肆元零玖分　　税票号码：320302003000006677

税（费）种名称	所属日期	实缴金额
城市维护建设税	20191101—20191130	¥17,453.86
教育费附加	20191101—20191130	¥7,480.23

中国工商银行股份有限公司 天津滨海分行 业务专用章

第二联　作付款回单　　复核　　记账

原凭 9-13

<table>
<tr><td colspan="2"><u>原材料毁损报告</u>
2019年 12月 07日</td></tr>
<tr><td colspan="2">由于仓库发生火灾，部分原材料毁损。该批原材料购入成本 10 000 元，购入时增值税税额 1 300 元。经查，此次火灾是由于仓库管理员李新玩忽职守所致，建议由其赔偿全部损失。特向公司领导报批。</td></tr>
<tr><td>总经理：朱观
2019 年 12 月 7 日</td><td>会计主管：李财
2019 年 12 月 7 日</td></tr>
</table>

项目 *10*

借款费用实训

实训目标

- 能正确计算借款费用资本化的金额。
- 能对借款费用业务进行会计核算及账务处理。

任务　借款费用实训

案例 10-1　天津滨海股份有限公司专门借款有关资料如下。

期初余额

在建工程期初余额如账 10-1 所示。

账 10-1

在建工程

户名＿＿＿＿＿＿＿＿　　　　　　　　　　　　备注＿＿＿＿＿＿＿＿

2019年		记账凭证		摘要	页数	借方											√	贷方											√	借或贷	余额											√
月	日	字	号			亿	千	百	十	万	千	百	十	元	角	分		亿	千	百	十	万	千	百	十	元	角	分			亿	千	百	十	万	千	百	十	元	角	分	
12	1			期初余额																										借				3	0	0	0	0	0	0	0	

长期借款期初余额如账 10-2 所示。

账 10–2

长期借款

户名＿＿＿＿＿＿＿＿ 备注＿＿＿＿＿＿＿＿

2019年		记账凭证		摘要	页数	借方											√	贷方											√	借或贷	余额											√
月	日	字	号			亿	千	百	十	万	千	百	十	元	角	分		亿	千	百	十	万	千	百	十	元	角	分			亿	千	百	十	万	千	百	十	元	角	分	
12	1			期初余额																										贷				5	0	0	0	0	0	0	0	

注：该账户余额为 2019 年 11 月 1 日向工行天津市滨海支行借入的 2 年期长期借款，该借款用于公司出口货物的生产，年利率为 6%，按月付息。

业务原始凭证

长期借款 2019 年 12 月经济业务原始凭证如原凭 10-1-1 至原凭 10-2-2 所示。

实训要求

1. 准备记账凭证 3 张、三栏式明细账 3 张。
2. 根据业务原始凭证编制记账凭证。
3. 根据记账凭证登记借款费用有关明细账。

原凭 10-1-1

建设工程借款合同

借款方：天津滨海股份有限公司

地址：天津市开发区黄海路 109 号

邮码：300450 电话：022-85556666

贷款方：中国工商银行天津市滨海支行

地址：天津开发区第三大街金融中心 7 号

邮码：300450 电话：022-47882043

根据国家法律规定，借款方为进行基本建设所需贷款，经贷款方审查发放。为明确双方责任，恪守信用，特签订本合同，共同遵守。

第一条 借款用途：用于建造厂房。该厂房 2019 年 1 月 1 日正式动工兴建，预计 2021 年 6 月 30 日完工并达到预定可使用状态，工程采用出包方式。

第二条 借款金额：借款方向贷款方借款人民币壹佰万元。

第三条 借款利率：自支用贷款之日起，以单利方式按月付息。在合同规定的借款期内，年息为 8.4%。借款方如果不按期归还贷款，逾期部分加收利率 20%。

第四条 借款期限：借款方保证从 2019 年 12 月 01 日起至 2024 年 12 月 01 日止，按国家规定使用该笔贷款。借款方如果不按合同规定使用贷款，贷款方有权收回部分贷款，并对违约使用部分按照银行规定加收罚息。借款方提前还款的，应按规定减收利息。贷款逾期不还的部分，贷款方有权限期追回贷款，或者商请借款单位的其他开户银行代为扣款清偿。

……

第九条 本合同经过签章后生效，贷款本息全部清偿后失效。本合同一式五份，签章各方各执一份，报送主管部门、总行、分行各一份。

借款方：天津滨海股份有限公司（盖章）

代表人：张宏达

2019 年 12 月 1 日

贷款方：中国工商银行天津市滨海支行（盖章）

代表人：金蓉

2019 年 12 月 1 日

原凭 10–1–2

中国工商银行借款凭证

第　　页

实际发出日期：2019 年 12 月 01 日　　凭证编号：I00474013

借款人	天津滨海股份有限公司	贷款账号	2016000020201385957	存款账号	2016000020203456789
贷款金额	人民币（大写）	壹佰万元整		千百十万千百十元角分	¥ 1 0 0 0 0 0 0 0 0
用途	固定贷款	期　限	约定还款日期	2024 年 12 月 01 日	
		5 年	贷款利率 8.4%	借款合同号码	D345

兹借到上列贷款，保证按规定用途使用，不作他用，到期时请凭此证收回贷款。	分次还款记录					
	日期：年	月	日	还款金额	余　额	经办　复核
						[工行滨海支行 2019.12.10 业务转讫]

银行审批意见　　行长　　信贷科长　　信贷员

原凭 10–2–1

中国工商银行计息单

2019 年 12 月 31 日

单位名称：天津滨海股份有限公司　　账号：201–3456789　　第 1029384 号

项　目	摘要金额		百	十	万	千	百	十	元	角	分
贷款利息	500000×6%÷12+1000000×8.4%÷12=9500					9	5	0	0	0	0
合计（大写）	玖仟伍佰元整	合计			¥	9	5	0	0	0	0
1. 上列款项已列收你单位账户。 2. 上列款项已收到你单位交来的现金。 3. 上列示项已列付你单位账户。√ [工行滨海支行 2019.12.31 业务转讫] （银行盖章）	会计　　记账	付出： 收入： 出纳：　复核：　记账：　制单：									

原凭 10-2-2

中国工商银行计息单

2019 年 12 月 31 日

单位名称：天津滨海股份有限公司　　　账号：2016000020203456789　　　第 1029384 号

项目	摘要金额		金额 百	十	万	千	百	十	元	角	分
存款利息	专项借款闲置资金存款利息					1	0	0	0	0	0
合计（大写）	壹仟元整	合计			¥	1	0	0	0	0	0

1. 上列款项已列收你单位账户。√
2. 上列款项已收到你单位交来的现金。
3. 上列示项已列付你单位账户。

工行滨海支行 2019.12.31 业务 转讫

（银行盖章）

会计　　记账

付出：________

收入：________

出纳：　　复核：　　记账：　　制单：

项目 *11*

债务重组实训

实训目标

- 能对债务人债务重组业务进行会计核算及账务处理。
- 能对债权人债务重组业务进行会计核算及账务处理。

任务 *1*　债务人债务重组实训

案例 *11–1*　天津滨海股份有限公司债务重组——以现金清偿债务的有关资料如下。

期初余额

债务重组有关账户期初余额如账 11-1 至账 11-5 所示。

账 11–1

应付账款

户名天津东纺有限公司　　　　　　　　备注

2019年		记账凭证		摘要	页数	借方											√	贷方											√	借或贷	余额											√
月	日	字	号			亿	千	百	十	万	千	百	十	元	角	分		亿	千	百	十	万	千	百	十	元	角	分			亿	千	百	十	万	千	百	十	元	角	分	
12	1			期初余额																										贷				1	2	0	0	0	0	0	0	

账 11-2

固定资产

户名机器 J1502　　　　　　　　　　　　　　　　　　　　备注

2019年		记账凭证		摘要	页数	借方											√	贷方											√	借或贷	余额											√
月	日	字	号			亿	千	百	十	万	千	百	十	元	角	分		亿	千	百	十	万	千	百	十	元	角	分			亿	千	百	十	万	千	百	十	元	角	分	
12	1			期初余额																										借				1	2	0	0	0	0	0	0	

账 11-3

累计折旧

户名机器 J1502　　　　　　　　　　　　　　　　　　　　备注

2019年		记账凭证		摘要	页数	借方											√	贷方											√	借或贷	余额											√
月	日	字	号			亿	千	百	十	万	千	百	十	元	角	分		亿	千	百	十	万	千	百	十	元	角	分			亿	千	百	十	万	千	百	十	元	角	分	
12	1			期初余额																										贷					3	0	0	0	0	0	0	

账 11-4

固定资产减值准备

户名机器 J1502　　　　　　　　　　　　　　　　　　　　备注

2019年		记账凭证		摘要	页数	借方											√	贷方											√	借或贷	余额											√
月	日	字	号			亿	千	百	十	万	千	百	十	元	角	分		亿	千	百	十	万	千	百	十	元	角	分			亿	千	百	十	万	千	百	十	元	角	分	
12	1			期初余额																										贷						9	0	0	0	0	0	

账 11-5

固定资产清理

户名　　　　　　　　　　　　　　　　　　　　备注

2019年		记账凭证		摘要	页数	借方											√	贷方											√	借或贷	余额											√
月	日	字	号			亿	千	百	十	万	千	百	十	元	角	分		亿	千	百	十	万	千	百	十	元	角	分			亿	千	百	十	万	千	百	十	元	角	分	
12	1			期初余额																										平									0	0	0	

业务原始凭证

债务重组 2019 年 12 月经济业务原始凭证如原凭 11-1-1 至原凭 11-1-6 所示。

实训要求

1. 准备记账凭证 4 张、三栏式明细账 6 张。
2. 根据业务原始凭证编制记账凭证。
3. 根据记账凭证登记债务重组相关账户明细账。

原凭 11-1-1

债务重组协议

甲方（债权人）：天津东纺有限公司

乙方（债务人）：天津滨海股份有限公司

丙方（担保人）：天津德隆担保有限公司

截至 2019 年 12 月 05 日，乙方共欠甲方货款 120000 元，丙方对乙方所欠以上债务提供了有效担保，担保方式为一般保证。

甲、乙、丙三方经过友好协商，达成如下协议：

乙方于 2019 年 12 月 11 日之前以一项固定资产机器抵偿债务，双方协商价格（不含税）为 100000 元，甲方免除乙方所欠剩余货款 7000 元（适用于乙方一次性支付债务重组款的情形）。本合同一式三份，甲、乙、丙方各执一份；本合同自各方有权签字人签字并加盖公章后生效。

甲方：（盖章） 授权代表：（签字） 李斯

乙方：（盖章） 授权代表：（签字） 张宏达

丙方：（盖章） 授权代表：（签字） 陈隆

2019 年 12 月 5 日

原凭 11-1-2

固定资产出账通知单

被通知单位： 2019 年 12 月 05 日 编号 02000301 元

类别	资产编号	固定资产名称	规格型号	建造单位			数量	原值	折旧额		使用年限	收回残值	累计已提折旧	所在地	出账原因
				名称	日期	编号			应计折旧总额	月折旧额					
设备	03	机器	J1502				1	120000			10	6000	30000		偿债

通知单位： 经办人：

原凭 11-1-3

固定资产处置报告单

2019 年 12 月 05 日

固定资产名称	单位	数量	预计使用年限	原值/元	已提折旧/元	已提减值/元	预计净残值/元
机器 J1502	台	1	10	120000	30000	9000	6000
使用部门	缝制车间						
固定资产状况	出售						
处理意见	使用部门	技术鉴定小组		固定资产管理部门		主管部门审批	
	同意出售 张景	同意出售 王勃		同意出售 李琛		同意出售 朱观	

原凭 11-1-4

120000000000

天津增值税专用发票

№ 20191256

此联不作报销、扣税凭证使用　　开票日期：2019 年 12 月 05 日

购买方		密码区
名　　称：天津东纺有限公司 纳税人识别号：91120204637288785 地 址、电 话：天津市泰安道 2940 号　022-27489698 开户行及账号：农行泰安道支行　3561234890987653246		867-3947/->59*<818<90209459423451111 9>/0/487>2452*3-0+672452<7*423423245 *<=-07+41+452>*>58*84647/45282/26789 66=-=765<56+*34524521/589234//23\\98

货物或应税劳务、服务名称	规格型号	单位	数量	单价	金额	税率	税额
机器 J1502	jsb	台	1	100000	100000.00	13%	13000.00
合　计					¥100000.00		¥13000.00
价税合计（大写）	⊗ 壹拾壹万叁仟元整				（小写）¥113000.00		

销售方	备注
名　　称：天津滨海股份有限公司 纳税人识别号：911201117860653155 地 址、电 话：天津市开发区黄海路 109 号　022-85556666 开户行及账号：工行天津市滨海支行　2016000020203456789	天津滨海股份有限公司 911201117860653155 发票专用章

第一联：记账联　销售方记账凭证

收款人：　　复核：　　开票人：刘钱　　销售方：（章）

原凭 11-1-5

120000000000

天津增值税普通发票

发票联

№ 20190023

开票日期：2019 年 12 月 05 日

购买方	名 称：天津滨海股份有限公司 纳税人识别号：911201117860653155 地 址、电 话：天津市开发区黄海路 109 号 022-85556666 开户行及账号：工行天津市滨海支行 2016000020203456789	密码区	

货物或应税劳务、服务名称	规格型号	单位	数量	单价	金额	税率	税额
清理费			1	970.88	970.88	3%	29.12
合 计					¥970.88		¥29.12
价税合计（大写）	⊗ 壹仟元整				（小写）¥1000.00		

销售方	名 称：天津翔阳有限公司 纳税人识别号：91120345098411234 地 址、电 话：天津市河西区大沽南路 999 号 开户行及账号：工行大沽南路支行 9888273472302574100	备注	天津翔阳有限公司 91120345098411234 发票专用章

收款人： 复核： 开票人： 销售方：（章）

第三联：发票联 购买方记账凭证

原凭 11-1-6

中国工商银行
转账支票存根
10201232
17400865

附加信息

出票日期：2019年12月05日

收款人：天津翔阳有限公司	
金 额：¥1000.00	
用 途：清理费	

单位主管 会计

任务 2 债权人债务重组实训

案例 11-2 天津滨海股份有限公司债务重组有关资料如下。

期初余额

债务重组有关账户期初余额如账 11-6 至账 11-7 所示。

账 11-6

应收账款

户名 天津腾华纺织有限公司　　　　备注

2019年		记账凭证		摘要	页数	借方											√	贷方											√	借或贷	余额											√
月	日	字	号			亿	千	百	十	万	千	百	十	元	角	分		亿	千	百	十	万	千	百	十	元	角	分			亿	千	百	十	万	千	百	十	元	角	分	
12	1			期初余额																									借				1	1	7	0	0	0	0	0	

账 11-7

坏账准备

户名　　　　备注

2019年		记账凭证		摘要	页数	借方											√	贷方											√	借或贷	余额											√
月	日	字	号			亿	千	百	十	万	千	百	十	元	角	分		亿	千	百	十	万	千	百	十	元	角	分			亿	千	百	十	万	千	百	十	元	角	分	
12	1			期初余额																									贷					1	0	0	0	0	0	0	

注：坏账准备全部为天津腾华纺织有限公司 117 000 元欠款所提。

业务原始凭证

银行存款 2019 年 12 月经济业务原始凭证如原凭 11-2-1 至原凭 11-2-2 所示。

实训要求

1. 准备记账凭证 1 张、三栏式明细账 3 张。
2. 根据业务原始凭证编制记账凭证。
3. 根据记账凭证登记债务重组各明细账。

凭 11-2-1

债务重组协议

甲方（债权人）：天津滨海股份有限公司

乙方（债务人）：天津腾华纺织有限公司

丙方（担保人）：天津德隆担保有限公司

截至 2019 年 12 月 10 日，乙方共欠甲方货款 117000 元，丙方对乙方所欠以上债务提供了有效担保，担保方式为一般保证。

甲、乙、丙三方经过友好协商，达成如下协议：

乙方于 2019 年 12 月 20 日之前一次性向甲方支付 97000 元人民币，甲方免除乙方所欠剩余货款 20000 元（适用于乙方一次性支付债务重组款的情形）。在乙方未归还全部所承诺的 97000 元债务之前，甲方不放弃除本合同有明确约定之外的任何权利（包括对抵押物的有关权利）。丙方承诺在乙方如期归还全部所承诺的 97000 元债务并终止双方的债权债务关系之前，继续承担原来的担保责任。本合同一式三份，甲、乙、丙方各执一份；本合同自各方有权签字人签字并加盖公章后生效。

甲方：（盖章）　天津滨海股份有限公司　　授权代表：（签字）　张宏达

乙方：（盖章）　天津腾华纺织有限公司　　授权代表：（签字）　王树

丙方：（盖章）　天津德隆担保有限公司　　授权代表：（签字）　陈隆

2019 年 12 月 1 日

原凭 11-2-2

中国工商银行　客户专用回单

币别：人民币　　2019 年 12 月 16 日　　流水号：120998987830022

付款人	全　称	天津腾华纺织有限公司	收款人	全　称	天津滨海股份有限公司
	账　号	6221010134896079234		账　号	2016000020203456789
	开户银行	工行天津市云南路支行		开户银行	工行天津市滨海支行
金　额		（大写）人民币玖万柒仟元整	（小写）¥97,000.00		
凭证种类		电汇凭证	凭证号码		
结算方式		转账	用　途		货款
汇款交易日期：20191216　支付清算业务类型 A100 汇款合约编号：009394882994002364 实际收款人账户：2016000020203456789 实际收款人户名：天津滨海股份有限公司 实际收款人汇入行：工行天津市滨海支行 汇出行行名：工行天津市云南路支行 汇款备注：电子汇入			打印柜员：1290049299299 打印机构：工行天津市滨海支行 打印卡号：9668802030002049688 汇款附言：货款		

（贷方回单）（收款人回单）

中国工商银行 电子回单专用章

项目 *12*

所有者权益实训

实训目标

- 能对股本业务进行会计核算及账务处理。
- 能对资本公积业务进行会计核算及账务处理。
- 能对盈余公积业务进行会计核算及账务处理。
- 能对利润分配业务进行会计核算及账务处理。

任务 *1* 股本实训

案例 *12–1* 天津滨海股份有限公司股本有关资料如下。

期初余额

股本期初余额如账 12-1 至账 12-3 所示。

账 12–1

股 本

户名天津翔宇有限公司　　　　　　　　　　　　　　　　　　　　　　备注

2019年		记账凭证		摘要	页数	借方											√	贷方											√	借或贷	余额											√
月	日	字	号			亿	千	百	十	万	千	百	十	元	角	分		亿	千	百	十	万	千	百	十	元	角	分			亿	千	百	十	万	千	百	十	元	角	分	
12	1			期初余额																										贷				5	0	0	0	0	0	0	0	

账 12–2

股　本

户名 天津宏利有限公司　　　　　　　　备注＿＿＿＿＿＿

2019年 月	日	记账凭证 字	号	摘　要	页数	借方（亿千百十万千百十元角分）	√	贷方（亿千百十万千百十元角分）	√	借或贷	余额（亿千百十万千百十元角分）	√
12	1			期初余额						贷	30000000	

账 12–3

股　本

户名 天津华宝有限公司　　　　　　　　备注＿＿＿＿＿＿

2019年 月	日	记账凭证 字	号	摘　要	页数	借方（亿千百十万千百十元角分）	√	贷方（亿千百十万千百十元角分）	√	借或贷	余额（亿千百十万千百十元角分）	√
12	1			期初余额						贷	20000000	

业务原始凭证

股本 2019 年 12 月经济业务原始凭证如原凭 12-1-1 至原凭 12-3 所示。

实训要求

1. 准备记账凭证 3 张、三栏式明细账 3 张。
2. 根据业务原始凭证编制记账凭证。
3. 根据记账凭证登记股本各明细账。

原凭 12-1-1

投资协议书（摘要）

投出单位：天津翔宇有限公司

投入单位：天津滨海股份有限公司

……

第三，天津翔宇有限公司向天津滨海股份有限公司投入货币投资 100 万元，与其在注册资本中享有的份额相等。

第四，天津翔宇有限公司必须在 2019 年 12 月 31 日前向天津滨海股份有限公司出资。

……

天津滨海股份有限公司 2019 年 12 月 1 日开始接收投资。

原凭 12-1-2

中国工商银行　进账单

2019 年 12 月 06 日

出票人	全称	天津翔宇有限公司		收款人	全称	天津滨海股份有限公司
	账号	3310123456789246218			账号	20160000202034567890
	开户银行	工行天津市河北路支行			开户银行	工行天津市滨海支行
金额	人民币（大写）	壹佰万元整				亿 千 百 十 万 千 百 十 元 角 分 ¥ 1 0 0 0 0 0 0 0 0
票据种类		银行本票	票据张数	1		
票据号码		56987412				
备注：						复核：　记账：

中国工商银行天津市滨海支行 2019.12.06 业务转讫

原凭 12-1-3

专用收款收据

2019 年 12 月 06 日

付款单位（付款人）	天津翔宇有限公司	收款单位（付款人）	天津滨海股份有限公司	收款项目	收投资款
人民币（大写）	壹佰万元整		千 百 十 万 千 百 十 元 角 分 ¥ 1 0 0 0 0 0 0 0 0		
收款事由	投资款		经办部门		
备注：	会计主管	稽核	出纳	交款人	
	李财		李正	周算	

第三联：收款单位记账

原凭 12–2

天津滨海股份有限公司股东大会决议

时间：2019 年 12 月 25 日上午 9:00

地点：天津金凯悦大酒店 19 楼会议室

参会人员：李鹏铭　张宏达（董事长）等 25 人

经股东会一致同意，形成决议如下：

通过董事会决议《用资本公积 80 万元转增资本的议案》。

全体股东签字：

（法人股东加盖公章并由法定代表人签字，自然人股东亲笔签字）

李鹏铭　张宏达　……

天津滨海股份有限公司盖章：　　　　2019 年 12 月 25 日

注：转增资本议案中规定按照 2019 年 12 月初各股东股本比例增加各股东股本。

原凭 12–3

天津滨海股份有限公司股东大会决议

时间：2019 年 12 月 26 日上午 9:00

地点：天津金凯悦大酒店 19 楼会议室

参会人员：李鹏铭　张宏达（董事长）等 25 人

经股东会一致同意，形成决议如下：减少公司的注册资本 100 万元，按 2019 年 12 月 1 日股权比例发还投资款。

全体股东签字：

（法人股东加盖公章并由法定代表人签字，自然人股东亲笔签字）

李鹏铭　张宏达　……

天津滨海股份有限公司盖章：　　　　2019 年 12 月 26 日

任务 2　资本公积实训

**案例 12-2**　天津滨海股份有限公司资本公积有关资料如下。

期初余额

资本公积期初余额如账 12-4 和账 12-5 所示。

账 12-4

资本公积

户名 股本溢价　　　　备注

2019年 月	日	记账凭证 字	号	摘要	页数	借方（亿千百十万千百十元角分）	✓	贷方（亿千百十万千百十元角分）	✓	借或贷	余额（亿千百十万千百十元角分）	✓
12	1			期初余额						贷	120000000	

账 12-5

资本公积

户名 其他资本公积　　　　备注

2019年 月	日	记账凭证 字	号	摘要	页数	借方（亿千百十万千百十元角分）	✓	贷方（亿千百十万千百十元角分）	✓	借或贷	余额（亿千百十万千百十元角分）	✓
12	1			期初余额						贷	15000000	

业务原始凭证

资本公积 2019 年 12 月经济业务原始凭证如原凭 12-4-1 至原凭 12-5-2 所示。

实训要求

1. 准备记账凭证 2 张、三栏式明细账 2 张。
2. 根据业务原始凭证编制记账凭证。
3. 根据记账凭证登记资本公积各明细账。

原凭 12-4-1

天津滨海股份有限公司股东大会决议

时间：2019 年 12 月 2 日上午 11:00

地点：天津新天洋大酒店 19 楼会议室

参会人员：王辉、张斌、张宏达（公司董事长）等 25 人

经股东会一致同意，形成决议如下：

经董事会决议，滨海股份有限公司发行普通股 1 000 000 股，每股面值 1 元，按每股 1.35 元的价格发行。

全体股东签字：

（法人股东加盖公章并由法定代表人签字，自然人股东亲笔签字）

王辉　张斌　张宏达　……

天津滨海股份有限公司盖章：

天津滨海股份有限公司

2019 年 12 月 2 日

原凭 12-4-2

委托协议书（摘要）

委托单位：天津滨海股份有限公司

受托单位：天津德胜证券有限责任公司

……

第三，天津滨海股份有限公司委托天津德胜证券有限责任公司代理发行普通股 1 000 000 股，每股面值 1 元，按每股 1.35 元的价格发行。

第四，天津德胜证券有限责任公司收取手续费 60 000 元，手续费从发行收入中扣除。

第五，协议双方如有违约按发行收入的 1%支付违约金。

……

原凭 12-4-3

证券发行结算清单

2019 年 12 月 19 日

企业名称		天津滨海股份有限公司
发行股票	面值	1.00 元
	数量	1,000,000 股
	单价	1.35 元
	总价	1,350,000 元
发行费用		60,000.00 元
发行净额		1,290,000 元

天津德胜证券有限责任公司 2019.12.19 业务 转讫

天津德胜证券有限责任公司

原凭 12-4-4

中国工商银行　客户专用回单

币别：人民币　　2019年12月19日　　流水号：120998900000000

付款人	全　称	天津德胜证券有限责任公司	收款人	全　称	天津滨海股份有限公司
	账　号	5984900003245612345		账　号	2016000020203456789
	开户银行	工行天津市郑州路支行		开户银行	工行天津市滨海支行
金　额		（大写）人民币壹佰贰拾玖万元整			（小写）¥1,290,000.00
凭证种类		电汇凭证	凭证号码		
结算方式		转账	用　途		投资款
汇款交易日期：20191219　支付清算业务类型 A100 汇款合约编号：009394882994002765 实际收款人账户：2016000020203456789 实际收款人户名：天津滨海股份有限公司 实际收款人汇入行：工行天津市滨海支行 汇出行行名：工行天津市郑州路支行 汇款备注：电子汇入			打印柜员：1290049299299 打印机构：工行天津市滨海支行 打印卡号：966880203000204988 汇款附言：投资款 （印章：中国工商银行 电子回单 专用章）		

（贷方回单）（收款人回单）

原凭 12-5-1

天津滨海股份有限公司文件

办字第189号

关于对外长期股权投资的决议

经董事会研究决定，对乐丰股份有限公司进行投资，占乐丰股份有限公司所有者权益的25%。

主管经理：朱观

（印章：天津滨海股份有限公司）

天津滨海股份有限公司

2018年11月1日

原凭 12-5-2

其他权益变动通知单

天津滨海股份有限公司：

本公司2019年其他资本公积项目共增加800 000元，你公司按持股比例25%进行调整，总计调整200 000元整。

主管经理：张扬

（印章：乐丰股份有限公司）

乐丰股份有限公司

2019年12月20日

任务 3　盈余公积实训

案例 12-3　天津滨海股份有限公司盈余公积有关资料如下。

期初余额

盈余公积期初余额如账 12-6 和账 12-7 所示。

账 12-6

盈余公积

户名法定盈余公积　　　　备注

2019年		记账凭证		摘要	页数	借方											√	贷方											√	借或贷	余额											√
月	日	字	号			亿	千	百	十	万	千	百	十	元	角	分		亿	千	百	十	万	千	百	十	元	角	分			亿	千	百	十	万	千	百	十	元	角	分	
12	1			期初余额																										贷			1	9	8	6	8	0	0	0	0	

账 12-7

盈余公积

户名任意盈余公积　　　　备注

2019年		记账凭证		摘要	页数	借方											√	贷方											√	借或贷	余额											√
月	日	字	号			亿	千	百	十	万	千	百	十	元	角	分		亿	千	百	十	万	千	百	十	元	角	分			亿	千	百	十	万	千	百	十	元	角	分	
12	1			期初余额																										贷				3	2	0	0	0	0	0	0	

业务原始凭证

盈余公积 2019 年 12 月经济业务原始凭证如原凭 12-6-1 至原凭 12-8 所示。

实训要求

1. 准备记账凭证 3 张、三栏式明细账 2 张。
2. 根据业务原始凭证编制记账凭证。
3. 根据记账凭证登记盈余公积各明细账。

原凭 12-6-1

天津滨海股份有限公司文件

办字第 8 号

关于提取法定盈余公积和任意盈余公积的决议

经董事会研究决定，决定按净利润 1 600 000 的 10%和 5%分别计提法定盈余公积和任意盈余公积。

董事长：张宏达

天津滨海股份有限公司

2019 年 12 月 31 日

原凭 12-6-2

盈余公积计提表

编制单位：天津滨海股份有限公司　　2019年 12月 31日　　元

项　目	分配比率	金　额
计提法定盈余公积	10%	
计提任意盈余公积	5%	

主管：　　制表：

原凭 12-7

天津滨海股份有限公司股东大会决议

时间：2019 年 12 月 31 日上午 9:00

地点：天津新大洲大酒店 19 楼会议室

参会人员：王辉、张斌、张宏达（公司董事长）等 25 人

经股东会一致同意，形成决议如下：

经股东大会决议，天津滨海股份有限公司以法定盈余公积 800 000 元弥补 2018 年亏损。

全体股东签字：

（法人股东加盖公章并由法定代表人签字，自然人股东亲笔签字）

王辉　张斌　张宏达　……

天津滨海股份有限公司盖章：

2019 年 12 月 31 日

原凭 12-8

天津滨海股份有限公司股东大会决议

时间：2019 年 12 月 31 日上午 10:00

地点：天津新大洲大酒店 19 楼会议室

参会人员：王辉、张斌、张宏达（公司董事长）等 25 人

经股东会一致同意，形成决议如下：

经股东大会决议，天津滨海股份有限公司将法定盈余公积中的 600 000 元转增资本。

全体股东签字：

（法人股东加盖公章并由法定代表人签字，自然人股东亲笔签字）

王辉　张斌　张宏达　……

天津滨海股份有限公司盖章：

2019 年 12 月 31 日

任务 4 利润分配实训

案例 12-4 天津滨海股份有限公司利润分配有关资料如下。

期初余额

利润分配期初余额如账 12-8 至账 12-11 所示。

账 12-8

利润分配

户名法定盈余公积　　　　备注

2019年		记账凭证		摘要	页数	借方											√	贷方											√	借或贷	余额											√
月	日	字	号			亿	千	百	十	万	千	百	十	元	角	分		亿	千	百	十	万	千	百	十	元	角	分			亿	千	百	十	万	千	百	十	元	角	分	
12	1			期初余额																										贷				1	7	0	0	0	0	0	0	

账 12-9

利润分配

户名任意盈余公积　　　　备注

2019年		记账凭证		摘要	页数	借方											√	贷方											√	借或贷	余额											√
月	日	字	号			亿	千	百	十	万	千	百	十	元	角	分		亿	千	百	十	万	千	百	十	元	角	分			亿	千	百	十	万	千	百	十	元	角	分	
12	1			期初余额																										贷					5	8	0	0	0	0	0	

账 12-10

利润分配

户名应付现金股利　　　　备注

2019年		记账凭证		摘要	页数	借方											√	贷方											√	借或贷	余额											√
月	日	字	号			亿	千	百	十	万	千	百	十	元	角	分		亿	千	百	十	万	千	百	十	元	角	分			亿	千	百	十	万	千	百	十	元	角	分	
12	1			期初余额																										贷				1	4	2	0	0	0	0	0	

账 12-11

利润分配

户名未分配利润　　　　　　　　　　　　　　　　　　　　　　　　　　备注

2019年		记账凭证		摘要	页数	借方											√	贷方											√	借或贷	余额											√
月	日	字	号			亿	千	百	十	万	千	百	十	元	角	分		亿	千	百	十	万	千	百	十	元	角	分			亿	千	百	十	万	千	百	十	元	角	分	
12	1			期初余额																										贷				6	0	0	0	0	0	0	0	

业务原始凭证

利润分配 2019 年 12 月经济业务原始凭证如原凭 12-9 至原凭 12-11 所示。

实训要求

1. 准备记账凭证 4 张、三栏式明细账 4 张。
2. 根据业务原始凭证编制记账凭证。
3. 根据记账凭证登记利润分配各明细账。

原凭 12–9

2019 年度本年利润结转表

编制单位：天津滨海股份有限公司　　　　2019 年 12 月 31 日　　　　元

1—11 月份净利润	12 月份净利润	全年净利润
2 000 000	1 200 000	3 200 000

主管：　　　　制表：

原凭 12–10–1

天津滨海股份有限公司 2019 年度股东大会决议

时间：2019 年 12 月 31 日 9：00

地点：天津保利大酒店 19 楼会议室

参会人员：王辉、张斌、张宏达（公司董事长）等 25 人

议程：经股东会一致同意，形成决议如下。

1. 审议通过了《关于董事会 2019 年工作报告的议案》

……

2. 审议通过了《关于监事会工作报告的议案》

……

3. 审议通过了《关于 2019 年度利润分配方案的议案》

按净利润的 10%提取法定盈余公积，提取任意盈余公积 50 000 万元，分配普通股现金股利 648 000 元。

全体股东签字：

（法人股东加盖公章并由法定代表人签字，自然人股东亲笔签字）

王辉　张斌　张宏达　……

天津滨海股份有限公司盖章：

2019 年 12 月 31 日

原凭 12-10-2

利润分配方案表

编制单位：天津滨海股份有限公司　　2019 年 12 月 31 日　　元

项　目	分配比例（金额）	金　额
计提法定盈余公积	10%	320 000
计提任意盈余公积	50 000	50 000
应付现金股利	648 000	648 000

主管：　　制表：

原凭 12-11

净利润分配表

编制单位：天津滨海股份有限公司　　2019 年 12 月 31 日　　元

项　目	金　额
年初未分配利润	600 000
全年实现的净利润	
提取法定盈余公积（10%）	
提取任意盈余公积	
分配现金股利	
未分配利润	

主管：　　制表：

注：该凭证用于结转利润分配各项目。

项目 13

收入、费用和利润实训

实训目标

- 能对收入业务进行会计核算及账务处理。
- 能对费用业务进行会计核算及账务处理。
- 能对利润业务进行会计核算及账务处理。
- 能对企业所得税业务进行会计核算及账务处理。

任务 1　收入实训

案例 13-1　天津滨海股份有限公司主营业务收入、其他业务收入、主营业务成本、其他业务成本科目相关资料如下。

期初余额

主营业务收入、其他业务收入、主营业务成本、其他业务成本等账户期初余额如账 13-1 至账 13-6 所示。

账 13-1

主营业务收入

户名 衬衣　　　　　　　　　　　　　　　　备注

2019年		记账凭证		摘要	页数	借方										√	贷方										√	借或贷	余额										√
月	日	字	号			亿	千	百	十	万	千	百	十	元	角	分		亿	千	百	十	万	千	百	十	元	角	分			亿	千	百	十	万	千	百	十	元	角	分	
12	1			期初余额																										平									0	0	0	

账 13-2

主营业务收入

户名夹克　　　　　　　　　　备注

2019年		记账凭证		摘要	页数	借方											√	贷方											√	借或贷	余额											√
月	日	字	号			亿	千	百	十	万	千	百	十	元	角	分		亿	千	百	十	万	千	百	十	元	角	分			亿	千	百	十	万	千	百	十	元	角	分	
12	1			期初余额																										平									0	0	0	

账 13-3

其他业务收入

户名涤纶　　　　　　　　　　备注

2019年		记账凭证		摘要	页数	借方											√	贷方											√	借或贷	余额											√
月	日	字	号			亿	千	百	十	万	千	百	十	元	角	分		亿	千	百	十	万	千	百	十	元	角	分			亿	千	百	十	万	千	百	十	元	角	分	
12	1			期初余额																										平									0	0	0	

账 13-4

主营业务成本

户名衬衣　　　　　　　　　　备注

2019年		记账凭证		摘要	页数	借方											√	贷方											√	借或贷	余额											√
月	日	字	号			亿	千	百	十	万	千	百	十	元	角	分		亿	千	百	十	万	千	百	十	元	角	分			亿	千	百	十	万	千	百	十	元	角	分	
12	1			期初余额																										平									0	0	0	

账 13-5

主营业务成本

户名夹克　　　　　　　　　　备注

2019年		记账凭证		摘要	页数	借方											√	贷方											√	借或贷	余额											√
月	日	字	号			亿	千	百	十	万	千	百	十	元	角	分		亿	千	百	十	万	千	百	十	元	角	分			亿	千	百	十	万	千	百	十	元	角	分	
12	1			期初余额																										平									0	0	0	

账 13–6

其他业务成本

户名涤纶　　　　　　　　　　　　　　　　　　　　　　　　　　　　备注

2019年		记账凭证		摘要	页数	借方											√	贷方											√	借或贷	余额											√
月	日	字	号			亿	千	百	十	万	千	百	十	元	角	分		亿	千	百	十	万	千	百	十	元	角	分			亿	千	百	十	万	千	百	十	元	角	分	
12	1			期初余额																										平									0	0	0	

公司月末一次结转主营业务成本与其他业务成本。

公司利润计算采取账结法，即每个会计期间期末将损益类科目净期末余额结转到“本年利润”科目中，损益类科目月末不留余额。

业务原始凭证

主营业务 2019 年 12 月经济业务原始凭证如原凭 13-1-1 至原凭 13-5 所示。

实训要求

1. 准备记账凭证 6 张、三栏式明细账 6 张。
2. 根据业务原始凭证编制记账凭证。
3. 根据记账凭证登记主营业务收入、其他业务收入、主营业务成本、其他业务成本明细账。

原凭 13-1-1

120000000000

天津增值税专用发票

№ 20191444

此联不作报销、扣税凭证使用　　开票日期：2019 年 12 月 01 日

购买方	名　　称：天津达雅服装销售公司 纳税人识别号：911200098765543333 地 址、电 话：天津市河北路 110 号　022-60268931 开户行及账号：工行河北路支行　4085234060623894872				密码区	47/-3947/->59*<818<90920902942342534* 7>/0/433>2*3-0+672<7*234543452342342/ 1+-<<51+41+>*>58*84603453647//23244* 7658765<56+*31/58>>00234216792394//23	
货物或应税劳务、服务名称	规格型号	单位	数量	单价	金额	税率	税额
衬衣	jcp	件	1000	400	400000.00	13%	52000.00
夹克	gp	件	600	500	300000.00	13%	39000.00
合　计					¥700000.00		¥91000.00
价税合计（大写）	⊗ 柒拾玖万壹仟元整				（小写）¥791000.00		
销售方	名　　称：天津滨海股份有限公司 纳税人识别号：911201117860653155 地 址、电 话：天津市开发区黄海路 109 号　022-85556666 开户行及账号：工行天津市滨海支行　2016000020203456789				备注	天津滨海股份有限公司 911201117860653155 发票专用章	

收款人：　　复核：　　开票人：刘钱　　销售方：（章）

第一联：记账联　销售方记账凭证

注：11 月已预收天津达雅服装销售公司货款 10 万元。

原凭 13-1-2

折扣申请表

编制单位：天津滨海股份有限公司　　2019 年 12 月 01 日　　元

客户名称	货物名称	购买数量	单　价	金　额	折扣类型	折扣率	折扣后金额
达雅服装	衬衣	1000	400	400000	现金折扣	(2/10，n/30)	—
达雅服装	夹克	600	500	300000	现金折扣	(2/10，n/30)	—
合计				¥700000			—

审核意见：同意

销售经理：杨阳　　经办人：李元

2019 年 12 月 01 日　　2019 年 12 月 01 日

注：现金折扣按照货物售价（不含税）计算。

原凭 13-1-3

出 库 单

购买单位：天津达雅服装销售公司　　　　运输方式：

收货地址：天津市河北路110号　　2019年12月01日　　编　号：

类　别	产品名称及规格	产品规格	计量单位	数　量	单价/元	金额/元
库存商品	衬衣	jcp	件	1000	400.00	400000
库存商品	夹克	gp	件	600	500.00	300000
合　计				1600		¥700000

销售部门负责人：　　发货人：　　提货人：　　制单：

原凭 13-2

中国工商银行　客户专用回单

币别：人民币　　2019年12月06日　　流水号：120998987830000

付款人	全　称	天津达雅服装销售公司	收款人	全　称	天津滨海股份有限公司
	账　号	408523406062389 4872		账　号	2016000020203456789
	开户银行	工行天津市河北路支行		开户银行	工行天津市滨海支行
金　额		（大写）人民币柒拾柒万柒仟元整			（小写）¥777,000.00
凭证种类		电汇凭证	凭证号码		
结算方式		转账	用　途		货款

汇款交易日期：20191206　支付清算业务类型 A100

汇款合约编号：009394882994002943

实际收款人账户：2016000020203456789

实际收款人户名：天津滨海股份有限公司

实际收款人汇入行：工行天津市滨海支行

汇出行行名：工行天津市河北路支行

汇款备注：电子汇入

打印柜员：1290049299299

打印机构：工行天津市滨海支行

打印卡号：9668802030002049 88

汇款附言：货款

中国工商银行 电子回单 专用章

（贷方回单）（收款人回单）

原凭 13-3-1

120000000000

天津增值税专用发票

№ 20191477

此联不作报销、扣税凭证使用　　开票日期：2019 年 12 月 10 日

购买方	名　　称：天津达雅服装销售公司 纳税人识别号：911200098765543333 地 址、电 话：天津市河北路 110 号　022-60268931 开户行及账号：工行天津市河北路支行　4085234060623894872				密码区	59*<87/->59*<818<90920902942342534* 7>/0/433>2*3-0+672<7*2345434559*<842/ 244*244*1+41+>*>58*84603453647//23244* 7658765<57658758>>00234216792397658 7	
货物或应税劳务、服务名称	规格型号	单位	数量	单价	金额	税率	税额
衬衣	jcp	件	-10	400	-4000.00	13%	-520.00
合　计					¥-4000.00		¥-520.00
价税合计（大写）	⊗ 肆仟伍佰贰拾元整（负数）				（小写）¥-4520.00		
销售方	名　　称：天津滨海股份有限公司 纳税人识别号：911201117860653155 地 址、电 话：天津市开发区黄海路 109 号　022-85556666 开户行及账号：工行天津市滨海支行　2016000020203456789				备注	天津滨海股份有限公司 911201117860653155 发票专用章	

收款人：　　复核：　　开票人：刘钱　　销售方：（章）

第一联：记账联　销售方记账凭证

注：10 件衬衣质量不合格，被退回。

原凭 13-3-2

中国工商银行　客户专用回单

币别：人民币　　2019 年 12 月 10 日　　流水号：120998987830022

付款人	全　称	天津滨海股份有限公司	收款人	全　称	天津达雅服装销售公司
	账　号	2016000020203456789		账　号	4085234060623894872
	开户银行	工行天津市滨海支行		开户银行	工行天津市河北路支行
金　额	（大写）人民币肆仟伍佰贰拾元整　（小写）¥4,520.00				
凭证种类	电汇凭证		凭证号码		
结算方式	转账		用　途	退货款	
汇款交易日期：20191210　支付清算业务类型 A100 汇款合约编号：009394882994002943 实际收款人账户：4085234060623894872 实际收款人户名：天津达雅服装销售公司 实际收款人汇入行：工行天津市河北路支行 汇出行行名：工行天津市滨海支行 汇款备注：电子汇出			打印柜员：1290049299299 打印机构：工行天津市滨海支行 打印卡号：9668802030000204988 中国工商银行 电子回单专用章 汇款附言：退货款		

（借方回单）（付款人回单）

原凭 13–3–3

退 货 入 库 单

退货单位：天津达雅服装销售公司　　　　2019年12月10日　　　　验字第　　号

类　别	产品名称及规格	产品规格	计量单位	数　量	单价/元	金额/元
库存商品	衬衣	jcp	件	10	400.00	4000.00
合　计				10		4000.00

仓库主管：　　　　收货人：　　　　经办人：　　　　制单：

原凭 13–4–1

120000000000

天津增值税专用发票

№ 20191545

此联不作报销、扣税凭证使用　　　　开票日期：2019年12月18日

购买方	名　　称：天津致远服装有限公司 纳税人识别号：9112034565543336 地 址、电 话：天津市八纬路990号　022-68904309 开户行及账号：工行津东分理处　0200112349989056748	密码区	5234*947/->59*<818<9020945942345234* 3>/0/487>2452*3-0+672452<7*4233>/0/4 /2324*41+452>*>58*84647/45282/2324* 0-=765<56+*34524521/589234//20-=-=76

货物或应税劳务、服务名称	规格型号	单位	数量	单价	金额	税率	税额
涤纶	gp	米	500	10.00	5000.00	13%	650.00
合　计					¥5000.00		¥650.00
价税合计（大写）	⊗ 伍仟陆佰伍拾元整				（小写）¥5650.00		

销售方	名　　称：天津滨海股份有限公司 纳税人识别号：911201117860653155 地 址、电 话：天津市开发区黄海路109号　022-85556666 开户行及账号：工行天津市滨海支行　20160000202034567 89	备注	天津滨海股份有限公司 911201117860653155 发票专用章

收款人：　　　　复核：　　　　开票人：刘钱　　　　销售方：（章）

第一联：记账联　销售方记账凭证

原凭 13-4-2

出　库　单

购买单位：天津致远服装销售公司　　　　运输方式：

收货地址：天津市八纬路 990 号　　2019 年 12 月 18 日　　编　　号：

类　别	产品名称及规格	产品规格	计量单位	数　量	单价/元	金额/元
原材料	涤纶	gp	米	500	10	5000
合　计				500		¥5000

销售部门负责人：　　发货人：　　提货人：　　制单：

原凭 13-5

营业成本计算表

2019 年 12 月 31 日

类　别	产品名称及规格	产品规格	计量单位	数　量	单位销售成本	金额/元
库存商品	衬衣	jcp	件		330.00	
库存商品	夹克	gp	件		410.00	
原材料	涤纶	gp	米		9.00	
合　计						

主管：　　会计：

注：月末根据本月出库单汇总结转当期营业成本各项目。

任务2 费用实训

案例13-2 天津滨海股份有限公司销售费用、管理费用、财务费用等科目资料如下。

月初余额

销售费用、管理费用、财务费用等科目期初余额如账13-7至账13-9 所示。

账13-7

销售费用

2019年		记账凭证	摘要	广告费								销售佣金								运输费																借方合计							
月	日			十	万	千	百	十	元	角	分	十	万	千	百	十	元	角	分	十	万	千	百	十	元	角	分	十	万	千	百	十	元	角	分	十	万	千	百	十	元	角	分
12	1		月初余额																																						0	0	0

账13-8

管理费用

2019年		记账凭证	摘要	业务招待费								工资福利性费用								审计费																借方合计							
月	日			十	万	千	百	十	元	角	分	十	万	千	百	十	元	角	分	十	万	千	百	十	元	角	分	十	万	千	百	十	元	角	分	十	万	千	百	十	元	角	分
12	1		月初余额																																						0	0	0

账13-9

财务费用

2019年		记账凭证	摘要	利息支出								汇兑损益								手续费																借方合计							
月	日			十	万	千	百	十	元	角	分	十	万	千	百	十	元	角	分	十	万	千	百	十	元	角	分	十	万	千	百	十	元	角	分	十	万	千	百	十	元	角	分
12	1		月初余额																																						0	0	0

业务原始凭证

费用业务2019年12月经济业务原始凭证如原凭13-6-1至原凭13-8所示。

实训要求

1. 准备记账凭证3张、多栏式通用明细账3张。
2. 根据业务原始凭证编制记账凭证。
3. 根据记账凭证登记销售费用、管理费用、财务费用多栏式明细账。

原凭 13-6-1

120000000000　　**天津增值税专用发票**　　№ 20193950

发票联

开票日期：2019 年 12 月 06 日

购买方	名　　称：天津滨海股份有限公司 纳税人识别号：911201117860653155 地 址、电 话：天津市开发区黄海路 109 号　022-85556666 开户行及账号：工行天津市滨海支行　2016000020203456789	密码区	818<9020945942345234*5234*947/->59*< 452*3-0+672452<7*4233>/0/43>/0/487>2 3/2324*41+452282/2324*>*>58*84647/45 0-=765<56+*34524521/589234//20545760

货物或应税劳务、服务名称	规格型号	单位	数量	单价	金额	税率	税额
广告费					12000.00	6%	720.00
合　计					¥12000.00		¥720.00
价税合计（大写）	⊗壹万贰仟柒佰贰拾元整				（小写）¥12720.00		

销售方	名　　称：天津新体验传播广告有限公司 纳税人识别号：91120987098435111 地 址、电 话：天津市南京路 103 号　022-23748988 开户行及账号：工行南京路支行　9872678946702456601	备注	天津滨海股份有限公司 911201117860653155 发票专用章

收款人：　　复核：　　开票人：李旭　　销售方：（章）

第三联：发票联　购买方记账凭证

原凭 13-6-2

中国工商银行　　客户专用回单

币别：人民币　　2019 年 12 月 06 日　　流水号：120998900393039

付款人	全　称	天津滨海股份有限公司	收款人	全　称	天津新体验传播广告有限公司
	账　号	2016000020203456789		账　号	9872678946702456601
	开户银行	工行天津市滨海支行		开户银行	工行南京路支行
金　额		（大写）人民币壹万贰仟柒佰贰拾元整			（小写）¥12,720.00
凭证种类		电汇凭证	凭证号码		
结算方式		转账	用　途		广告费

汇款交易日期：20191205　支付清算业务类型 A100
汇款合约编号：009394882994098769
实际收款人账户：9872678946702456601
实际收款人户名：天津新体验传播广告有限公司
实际收款人汇入行：工行南京路支行
汇出行行名：工行天津市滨海支行
汇款备注：电子汇入

打印柜员：1290049294328
打印机构：工行天津市滨海支行
打印卡号：966880203000204988
汇款附言：广告费

中国工商银行 电子回单 专用章

（借方回单）（付款人回单）

原凭 13-7

410000000000　　**河南增值税普通发票**　　№ 20192456

发 票 联

开票日期：2019 年 12 月 11 日

购买方	名　　称：天津滨海股份有限公司 纳税人识别号：911201117860653155 地 址、电 话：天津市开发区黄海路 109 号　022-85556666 开户行及账号：工行天津市滨海支行 2016000020203456789				密码区	5942345234*5818<902094234*947/->59*<0/43>/0/487>2452*3-0+672452<7*4233>/2282/2324*>*>53/2324*41+458*84647/45234//205457600-=765<56+*34524521/589	
货物或应税劳务、服务名称	规格型号	单位	数量	单价	金额	税率	税额
餐饮费					563.11	3%	16.89
合　计					¥563.11		¥16.89
价税合计（大写）	⊗ 伍佰捌拾元整				（小写）¥580.00		
销售方	名　　称：郑州状元酒楼 纳税人识别号：91410701638378899 地 址、电 话：郑州市南京路 65 号　0371-67329876 开户行及账号：工行二七支行　3889485929182000308				备注	郑州状元酒楼 91410701638378899 发票专用章	

第三联：发票联　购买方记账凭证

收款人：　　复核：　　开票人：张倩　　销售方：（章）

注：该餐费为招待供应商工作餐，以现金支付。

原凭 13-8

中国工商银行计息单

2019 年 12 月 30 日

单位名称：天津滨海股份有限公司　　账号：201-3456789　　第 12903982 号

项　目	摘　要		拾	万	仟	佰	拾	元	角	分
利息	短期借款利息			¥	6	0	0	0	0	0
合计（大写）	陆仟元整	合计		¥	6	0	0	0	0	0

（金额栏标题：金　额）

1. 上列款项已列收你单位账户。
2. 上列款项已收到你单位交来的现金。
3. 上列示项已列付你单位账户。 √

中国工商银行天津市滨海分行　2019.12.30　业务　转讫

（银行盖章）

会计记账

付出：________

收入：________

出纳：　　复核：　　记账：　　制单：

任务3 利润实训

案例 13-3 天津滨海股份有限公司2019年12月31日损益类科目余额有关资料如下。

本月累计发生额

12月31日损益类科目总账累计发生额及本年利润期初余额如账13-10至账13-24所示。

账 13-10

主营业务收入

备注＿＿＿＿＿＿＿＿

2019年		记账凭证		摘要	页数	借方											√	贷方											√	借或贷	余额											√
月	日	字	号			亿	千	百	十	万	千	百	十	元	角	分		亿	千	百	十	万	千	百	十	元	角	分			亿	千	百	十	万	千	百	十	元	角	分	
12	31			本月累计发生额																3	0	0	0	0	0	0	0	0		贷			3	0	0	0	0	0	0	0	0	

账 13-11

其他业务收入

备注＿＿＿＿＿＿＿＿

2019年		记账凭证		摘要	页数	借方											√	贷方											√	借或贷	余额											√
月	日	字	号			亿	千	百	十	万	千	百	十	元	角	分		亿	千	百	十	万	千	百	十	元	角	分			亿	千	百	十	万	千	百	十	元	角	分	
12	31			本月累计发生额																	3	5	0	0	0	0	0	0		贷				3	5	0	0	0	0	0	0	

账 13-12

公允价值变动损益

备注＿＿＿＿＿＿＿＿

2019年		记账凭证		摘要	页数	借方											√	贷方											√	借或贷	余额											√
月	日	字	号			亿	千	百	十	万	千	百	十	元	角	分		亿	千	百	十	万	千	百	十	元	角	分			亿	千	百	十	万	千	百	十	元	角	分	
12	31			本月累计发生额																		7	5	0	0	0	0	0		贷					7	5	0	0	0	0	0	

账 13–13

投资收益

备注________________

2019年 月	日	记账凭证 字	号	摘要	页数	借方（亿千百十万千百十元角分）	√	贷方（亿千百十万千百十元角分）	√	借或贷	余额（亿千百十万千百十元角分）	√
12	31			本月累计发生额				30000000		贷	30000000	

账 13–14

营业外收入

备注________________

2019年 月	日	记账凭证 字	号	摘要	页数	借方（亿千百十万千百十元角分）	√	贷方（亿千百十万千百十元角分）	√	借或贷	余额（亿千百十万千百十元角分）	√
12	31			本月累计发生额				2500000		贷	2500000	

账 13–15

主营业务成本

备注________________

2019年 月	日	记账凭证 字	号	摘要	页数	借方（亿千百十万千百十元角分）	√	贷方（亿千百十万千百十元角分）	√	借或贷	余额（亿千百十万千百十元角分）	√
12	31			本月累计发生额		200000000				借	200000000	

账 13–16

其他业务成本

备注________________

2019年 月	日	记账凭证 字	号	摘要	页数	借方（亿千百十万千百十元角分）	√	贷方（亿千百十万千百十元角分）	√	借或贷	余额（亿千百十万千百十元角分）	√
12	31			本月累计发生额		20000000				借	20000000	

账 13–17

税金及附加

备注________

2019年 月	日	记账凭证 字	号	摘要	页数	借方 (亿千百十万千百十元角分)	√	贷方 (亿千百十万千百十元角分)	√	借或贷	余额 (亿千百十万千百十元角分)	√
12	31			本月累计发生额		4000000				借	4000000	

账 13–18

销售费用

备注________

2019年 月	日	记账凭证 字	号	摘要	页数	借方 (亿千百十万千百十元角分)	√	贷方 (亿千百十万千百十元角分)	√	借或贷	余额 (亿千百十万千百十元角分)	√
12	31			本月累计发生额		25000000				借	25000000	

账 13–19

管理费用

备注________

2019年 月	日	记账凭证 字	号	摘要	页数	借方 (亿千百十万千百十元角分)	√	贷方 (亿千百十万千百十元角分)	√	借或贷	余额 (亿千百十万千百十元角分)	√
12	31			本月累计发生额		38500000				借	38500000	

账 13–20

财务费用

备注________

2019年 月	日	记账凭证 字	号	摘要	页数	借方 (亿千百十万千百十元角分)	√	贷方 (亿千百十万千百十元角分)	√	借或贷	余额 (亿千百十万千百十元角分)	√
12	31			本月累计发生额		10000000				借	10000000	

账 13–21

资产减值损失

备注________

2019年 月	日	记账凭证 字	号	摘要	页数	借方 (亿千百十万千百十元角分)	√	贷方 (亿千百十万千百十元角分)	√	借或贷	余额 (亿千百十万千百十元角分)	√
12	31			本月累计发生额		5000000				借	5000000	

账 13–22

营业外支出

备注________________

2019年		记账凭证		摘要	页数	借方											√	贷方											√	借或贷	余额											√
月	日	字	号			亿	千	百	十	万	千	百	十	元	角	分		亿	千	百	十	万	千	百	十	元	角	分			亿	千	百	十	万	千	百	十	元	角	分	
12	31			本月累计发生额					1	2	5	0	0	0	0	0														借				1	2	5	0	0	0	0	0	

账 13–23

所得税费用

备注________________

2019年		记账凭证		摘要	页数	借方											√	贷方											√	借或贷	余额											√
月	日	字	号			亿	千	百	十	万	千	百	十	元	角	分		亿	千	百	十	万	千	百	十	元	角	分			亿	千	百	十	万	千	百	十	元	角	分	
12	31			期初余额																										平									0	0	0	

账 13–24

本年利润

备注________________

2019年		记账凭证		摘要	页数	借方											√	贷方											√	借或贷	余额											√
月	日	字	号			亿	千	百	十	万	千	百	十	元	角	分		亿	千	百	十	万	千	百	十	元	角	分			亿	千	百	十	万	千	百	十	元	角	分	
12	31			期初余额																										贷			2	0	0	0	0	0	0	0	0	

业务原始凭证

根据 2019 年 12 月 31 日损益类总账科目累计发生额直接结转，无原始凭证。

企业所得税税率 25%。

实训要求

1. 准备记账凭证 7 张、三栏式总账账页 15 张。
2. 根据 2019 年 12 月 31 日损益类总账科目累计发生额，分别编制收益类科目结转记账凭证、支出类科目结转记账凭证。
3. 根据记账凭证登记各损益类总账并做好月末结转。
4. 以利润总额为基数计算 2019 年 12 月公司应预缴的企业所得税税额。
5. 将所得税费用转入本年利润。
6. 将本年利润转入未分配利润。

任务4　企业所得税实训

案例13-4　天津滨海股份有限公司企业所得税有关资料如下。

公司企业所得税采取资产负债表债务法核算，年终根据报表及有关资料进行所得税汇算清缴的会计处理。

2019年12月31日递延所得税资产、递延所得税负债科目期初余额如账13-25和账13-26所示。

账13-25

递延所得税资产

备注______

2019年		记账凭证		摘要	页数	借方											√	贷方											√	借或贷	余额											√
月	日	字	号			亿	千	百	十	万	千	百	十	元	角	分		亿	千	百	十	万	千	百	十	元	角	分			亿	千	百	十	万	千	百	十	元	角	分	
12	1			期初余额																										平									0	0	0	

账13-26

递延所得税负债

备注______

2019年		记账凭证		摘要	页数	借方											√	贷方											√	借或贷	余额											√
月	日	字	号			亿	千	百	十	万	千	百	十	元	角	分		亿	千	百	十	万	千	百	十	元	角	分			亿	千	百	十	万	千	百	十	元	角	分	
12	1			期初余额																										平									0	0	0	

其他业务相关资料

1. 2019年度天津滨海股份有限公司实现利润总额4 000 000元。
2. 资产负债表项目账面价值与计税基础差异金额及原因如表13-1所示。
3. 无形资产研究阶段实际发生费用化支出1 000 000元，税法允许按照150%在税前扣除。
4. 向关联企业捐赠现金200 000元。
5. 除以上给出的事项外，没有其他纳税调整事项。
6. 企业所得税税率25%。

表 13–1

2019 年资产负债表项目账面价值与计税基础差异统计表

编制单位：天津滨海股份有限公司

元

项　目	账面价值	计税基础	差异原因
交易性金融资产	600,000	300,000	本期公允价值变动收益 300 000 元
应收账款	1,000,000	1,200,000	本期计提 200 000 元坏账准备
存货	2,400,000	2,500,000	本期计提 100 000 元存货跌价准备
固定资产	800,000	900,000	会计处理按双倍余额递减法计提折旧，税法规定按直线法计提折旧
预计负债	100,000	0	本期预提售后服务费用

会计主管：　　　　　　　　　　　　　　　　　　　　　　　制单：

业务原始凭证

所得税业务 2019 年 12 月经济业务原始凭证如原凭 13-9 所示。

实训要求

1. 准备记账凭证 1 张、三栏式明细账 2 张。
2. 完善原始凭证。
3. 计算 2019 年应交所得税和递延所得税。
4. 根据原始凭证编制记账凭证。
5. 登记递延所得税资产、递延所得税负债明细账。

原凭 13–9

递延所得税项目统计表

编制单位：　　　　　　2019 年 12 月 31 日　　　　　　元

项　目	账面价值	计税基础	差　异	
			应纳税暂时性差异	可抵扣暂时性差异
交易性金融资产	600 000	300 000		
应收账款	1 000 000	1 200 000		
存货	2 400 000	2 500 000		
固定资产	800 000	900 000		
预计负债	100 000	0		
合　计				

财务负责人：　　　　　　制单：

项目 14

财务会计报告实训

实训目标

- 能正确编制科目余额表。
- 能正确编制资产负债表。
- 能正确编制利润表。
- 能正确编制现金流量表。
- 能正确编制所有者权益变动表。
- 能运用会计信息为企业服务。

任务 1　资产负债表实训

案例 14-1　天津滨海股份有限公司资产负债表有关资料如下。

期初余额

2019 年 11 月 30 日科目余额表如表 14-1 所示。

表 14-1　天津滨海股份有限公司 2019 年 11 月 30 日科目余额表　　元

科目名称	借方余额	科目名称	借方余额
库存现金	2 480.00	短期借款	400 000.00
银行存款	1 304 000.00	应付票据	200 000.00
其他货币资金	134 400.00	应付账款	608 000.00
交易性金融资产	22 400.00	其他应付款	52 000.00
应收票据	64 000.00	应付职工薪酬	40 800.00
应收账款	320 000.00	应交税费	32 640.00
坏账准备——应收账款	−6 400.00	应付利息	9 600.00
预付账款	52 000.00	长期借款	1 440 000.00
其他应收款	3 600.00	其中：一年内到期的长期借款	680 000.00
材料采购	96 000.00	股本	3 360 000.00
原材料	72 960.00	资本公积	186 640.00
周转材料	64 000.00	盈余公积	120 000.00

（续表）

科目名称	借方余额	科目名称	借方余额
库存商品	48 000.00	利润分配——未分配利润	72 000.00
材料成本差异	2 800.00		
存货跌价准备	−5 200.00		
长期股权投资	240 000.00		
长期股权投资减值准备	−4 560.00		
固定资产	2 479 200.00		
累计折旧	−480 000.00		
固定资产减值准备	−152 000.00		
在建工程	1 280 000.00		
无形资产	768 000.00		
长期待摊费用	216 000.00		
合　计	6 521 680.00	合　计	6 521 680.00

单位负责人：　　　　　　　　财务负责人：　　　　　　　　制表人：

其他资料

天津滨海股份有限公司为增值税一般纳税人，增值税税率为 13%，所得税税率为 25%；原材料采用计划成本法核算，入库时计算入库材料成本差异，领用时结转发出材料成本差异；周转材料采用计划成本法核算，于领用时一次摊销并结转材料成本差异；只对应收账款计提坏账准备。

2019 年 12 月业务

（1）1 日，从银行提取现金 1 600 元。

（2）1 日，购入原材料一批。材料价款 160 000 元，增值税税额 20 800 元，共计金额 185 600 元。材料款以银行存款支付，材料尚未到达。

（3）2 日，收到原材料一批。实际成本 96 000 元，计划成本 92 000 元。材料已验收入库，货款已于上月支付。

（4）3 日，收到银行通知，用银行存款支付到期的商业承兑汇票 120 000 元，偿还应付账款 68 000 元。

（5）3 日，以银行存款支付上月未交增值税税款 32 640 元。

（6）4 日，企业为构建固定资产从银行借入 4 年期借款 640 000 元。借款已存入银行。

（7）7 日，为构建厂房购入工程物资一批。价款 104 000 元，增值税税额 13 520 元。款项已用银行存款支付。

（8）8 日，销售产品一批。销售价款 320 000 元，应收取增值税税额 41 600 元。产品已发出，价款尚未收到，符合收入确认条件。

（9）10 日，销售产品一批。价款 800 000 元，应收取增值税 104 000 元。货款已收妥存入银行，符合收入确认的条件。

（10）10 日，公司出售一台不需用设备。收到价款 320 000 元，增值税税额 41 600 元。设备原价 640 000 元，已提折旧 208 000 元，已提减值准备 80 000 元。设备已交付给购入单位，相关法律手续办理完毕。

（11）11 日，归还短期借款本金 160 000 元，利息 8 000 元，共计 168 000 元。借款利息已预提。

（12）11 日，用银行存款支付产品广告费 10 400 元。

（13）14 日，用银行汇票支付采购材料价款。公司收到开户银行转来银行汇票多余款收账通知，通知上所填多余款为 2 192 元；购入材料取得的专用发票上注明的价款为 98 800 元，增值税税额为 12 844 元。材料已验收入库。该批材料的计划价格为 99 040 元。

（14）8 日，基本生产车间领用原材料，计划成本 240 000 元；领用低值易耗品，计划成本 48 000 元。采用一次摊销法摊销。综合材料成本差异率为 2%。

（15）16 日，分配应支付的职工工资 729 600 元（包括在建工程人员工资 228 000 元）。其中，生产人员工资 456 000 元，车间管理人员工资 9 120 元，行政管理部门人员工资 36 480 元。

（16）16 日，用银行存款支付职工工资 729 600 元。

（17）17 日，公司采用银行承兑汇票结算方式销售产品一批。价款 240 000 元，增值税税额 31 200 元，收到 271 200 元的不带息银行承兑汇票一张。

（18）18 日，提取现金 52 080 元，以备支付招待费。

（19）18 日，支付招待费。

（20）21 日，提取短期借款利息 17 600 元。

（21）21 日，计算长期借款利息，共计 136 400 元。其中，工程应负担的长期借款利息为 128 000 元，应计入本期损益的长期借款利息为 8 400 元。该项借款利息尚未支付。

（22）22 日，基本生产车间盘亏一台设备。原价 224 000 元，已提折旧 180 000 元，已提减值 20 000 元，进项税额转出 5 720 元。

（23）23 日，购买办公用品 800 元，款项以银行存款支付。

（24）23 日，收到一项长期股权投资的现金股利 32 000 元，存入银行。该项投资按成本法核算，对方公司的所得税税率与本公司一致，均为 25%。

（25）24 日，偿还长期借款本金 680 000 元。

（26）24 日，收回应收账款 288 000 元。存入银行。

（27）25 日，在建工程中发生其他应付款 100 000 元。

（28）25 日，计提固定资产折旧 164 800 元。其中，应计入制造费用 140 000 元，管理费用 24 800 元。

（29）25 日，摊销无形资产 64 000 元。

（30）25 日，17 日银行承兑汇票和上年销售商品所收到的一张面值为 64 000 元的商业承兑到期，委托银行收款。收到银行盖章退回的进账单回单联，款项银行已收妥。

（31）28 日，在建工程完工，交付生产使用。已办理完竣工手续，固定资产价值 1 200 000 元。

（32）28 日，将盘亏的固定资产 29 720 元损失转为营业外支出。

（33）29 日，计算本期产品销售应缴纳的城市维护建设税 12 386.92 元，教育费附加 5 308.68 元。

（34）29 日，用银行存款应缴纳本期部分增值税税款 96 000 元及本期的城市维护建设税 12 386.92 元，教育费附加 6 733.44 元。

（35）30 日，计算并结转本期制造费用 5 308.68 元，完工产品成本 898 880 元。没有期初在产品，本期生产的产品全部完工入库。

（36）30 日，结转本期已销售产品的主营业务成本 720 000 元。

（37）31 日，对应收账款计提坏账准备 5 648 元。

（38）31 日，计提存货跌价准备 8 952 元。

（39）31 日，计提固定资产减值准备 16 000 元。

（40）31 日，结转本期各项收益、费用（损失）。

（41）31 日，假设本例中，除计提各项减值 30 600 元造成账面价值与计税基础存在差异外，不考虑其他项目对所得税费用的影响；计提、结转本期所得税费用；结转“本年利润”科目的余额。

（42）31 日，用银行存款预交所得税 40 000 元。

（43）31 日，按净利润（260 568.3 元）的 10%提取法定盈余公积；分配普通股现金股利 64 916 元。

（44）31 日，将利润分配各明细科目的余额转入“未分配利润”明细科目。

实训要求

1. 编制 2019 年 12 月科目余额表，填入表 14-2。
2. 编制 2019 年 12 月资产负债表，填入表 14-3。

表 14-2　天津滨海股份有限公司 2019 年 12 月 31 日科目余额表

元

科目名称	借方余额	科目名称	贷方余额
库存现金		短期借款	
银行存款		应付票据	
其他货币资金		应付账款	
交易性金融资产		其他应付款	
应收票据		应付职工薪酬	
应收账款		应付股利	
坏账准备——应收账款		应交税费	
预付账款		应付利息	
其他应收款		长期借款	
材料采购		其中：一年内到期的长期借款	
原材料		递延所得税负债	
周转材料		股本	
库存商品		资本公积	
材料成本差异		盈余公积	
存货跌价准备		利润分配——未分配利润	
长期股权投资			
长期股权投资减值准备			
固定资产			
累计折旧			
固定资产减值准备			
工程物资			
在建工程			
无形资产			
长期待摊费用			
累计摊销			
递延所得税资产			
合　计		合　计	

单位负责人：　　　　　　　　财务负责人：　　　　　　　　制表人：

表 14-3　资产负债表

会企 01 表

编制单位：天津滨海股份有限公司　　　　2019 年 12 月 31 日　　　　元

资　产	期末余额	期初余额	负债和所有者权益（或股东权益）	期末余额	期初余额
流动资产：			流动负债：		
货币资金			短期借款		
交易性金融资产			交易性金融负债		
衍生金融资产			衍生金融负债		
应收票据及应收账款			应付票据及应付账款		
预付款项			预收款项		
其他应收款			合同负债		
存货			应付职工薪酬		
合同资产			应交税费		
持有代售资产			其他应付款		
一年内到期的非流动资产			持有待售负债		
其他流动资产			一年内到期的非流动负债		
流动资产合计			其他流动负债		
非流动资产：			流动负债合计		
债权投资			非流动负债：		
其他债权投资			长期借款		
长期应收款			应付债券		
长期股权投资			长期应付款		
其他权益工具投资			预计负债		
其他非流动金融资产			递延收益		
投资性房地产			递延所得税负债		
固定资产			其他非流动负债		
在建工程			非流动负债合计		
生产性生物资产			负债合计		
油气资产			所有者权益（或股东权益）：		
无形资产			实收资本（或股本）		
开发支出			其他权益工具		
商誉			资本公积		
长期待摊费用			减：库存股		
递延所得税资产			其他综合收益		
其他非流动资产			盈余公积		
非流动资产合计			未分配利润		
			所有者权益（或股东权益）合计		
资产总计			负债和所有者权益（或股东权益）总计		

单位负责人：　　　　财务负责人：　　　　制表人：

任务 2　利润表实训

案例 14-2　天津滨海股份有限公司利润表有关资料如下。

期初余额

2019 年 11 月 30 日科目余额表如表 14-1 所示。

其他资料

天津滨海股份有限公司为增值税一般纳税人，增值税税率为 16%；所得税税率为 25%；原材料采用计划成本法核算，入库时计算入库材料成本差异，领用时结转发出材料成本差异；周转材料采用计划成本法核算，于领用时一次摊销并结转材料成本差异；只对应收账款计提坏账准备。

2019 年 12 月业务见案例 14-1。

实训要求

编制 2019 年 12 月利润表，填入表 14-4。

表 14-4 利润表

会企 02 表

编制单位：天津滨海股份有限公司　　　　2019 年 12 月　　　　元

项　　目	本期金额	上期金额
一、营业收入		
减：营业成本		
税金及附加		
销售费用		
管理费用		
研发费用		
财务费用		
其中：利息费用		
利息收入		
资产减值损失		
信用减值损失		
加：其他收益		
投资收益（损失以“-”号填列）		
其中：对联营企业和合营企业的投资收益		
净敞口套期收益（损失以“-”号填列）		
公允价值变动收益（损失以“-”号填列）		
资产处置收益（损失以“-”号填列）		
二、营业利润（损失以“-”号填列）		
加：营业外收入		
减：营业外支出		
三、利润总额（亏损总额以“-”号填列）		
减：所得税费用		
五、净利润（净亏损以“-”号填列）		
（一）持续经营净利润（净亏损以“-”号填列）		
（二）终止经营净利润（净亏损以“-”号填列）		

单位负责人：　　　　财务负责人：　　　　制表人：

任务 3　现金流量表实训

案例 14-3　天津滨海股份有限公司现金流量表有关资料如下。

期初余额

2019 年 11 月 30 日科目余额表如表 14-1 所示。
2019 年 12 月业务见案例 14-1。

实训要求

编制 2019 年 12 月现金流量表，填入表 14-5。

表 14-5　现金流量表

会企 03 表

编制单位：天津滨海股份有限公司　　　　2019 年 12 月　　　　元

项　　目		本期金额	上期金额
一、	经营活动产生的现金流量：		
	销售商品、提供劳务收到的现金		
	收到的税费返还		
	收到其他与经营活动有关的现金		
	经营活动现金流入小计		
	购买商品、接受劳务支付的现金		
	支付给职工以及为职工支付的现金		
	支付的各项税费		
	支付其他与经营活动有关的现金		
	经营活动现金流出小计		
	经营活动产生的现金流量净额		
二、	投资活动产生的现金流量：		
	收回投资收到的现金		
	取得投资收益收到的现金		
	处置固定资产、无形资产和其他长期资产收回的现金净额		
	处置子公司及其他营业单位收到的现金净额		
	收到其他与投资活动有关的现金		
	投资活动现金流入小计		
	购建固定资产、无形资产和其他长期资产支付的现金		
	投资支付的现金		
	取得子公司及其他营业单位支付的现金净额		
	支付其他与投资活动有关的现金		
	投资活动现金流出小计		
	投资活动产生的现金流量净额		
三、	筹资活动产生的现金流量：		
	吸收投资收到的现金		
	取得借款收到的现金		
	收到其他与筹资活动有关的现金		
	筹资活动现金流入小计		
	偿还债务支付的现金		
	分配股利、利润或偿付利息支付的现金		
	支付其他与筹资活动有关的现金		
	筹资活动现金流出小计		
	筹资活动产生的现金流量净额		
四、	汇率变动对现金及现金等价物的影响		
五、	现金及现金等价物净增加额		
	加：期初现金及现金等价物余额		
六、	期末现金及现金等价物余额		

单位负责人：　　　　财务负责人：　　　　制表人：

任务 4　所有者权益变动表实训

案例 14-4　天津滨海股份有限公司所有者权益变动表有关资料如下。

期初余额

2019 年 11 月 30 日科目余额表如表 14-1 所示。

2019 年 12 月业务见案例 14-1。

实训要求

编制 2019 年 12 月所有者权益变动表，填入表 14-6。

表 14-6 所有者权益变动表

会企 04 表

编制单位：天津滨海股份有限公司　　2019 年 12 月　　元

项 目	本期金额									
	实收资本（或股本）	其他权益工具			资本公积	减：库存股	其他综合收益	盈余公积	未分配利润	所有者权益合计
		优先股	永续债	其他						
一、上年年末余额										
加：会计政策变更										
前期差错更正										
其他										
二、本年年初余额										
三、本期增减变动金额（减少以“-”号填列）										
（一）综合收益总额										
（二）所有者投入和减少资本										
1. 所有者投入的普通股										
2. 其他权益工具持有者投入资本										
3. 股份支付计入所有者权益的金额										
4. 其他										
（三）利润分配										
1. 提取盈余公积										
2. 对所有者（或股东）的分配										
3. 其他										
（四）所有者权益内部结转										
1. 资本公积转增资本（或股本）										
2. 盈余公积转增资本（或股本）										
3. 盈余公积弥补亏损										
4. 设定受益计划变动额结转留存收益										
5. 其他综合收益结转留存收益										
6. 其他										
四、本期期末余额										

（续表）

项　目	上 期 金 额									
	实收资本（或股本）	其他权益工具			资本公积	减：库存股	其他综合收益	盈余公积	未分配利润	所有者权益合计
		优先股	永续债	其他						
一、上年年末余额										
加：会计政策变更										
前期差错更正										
其他										
二、本年年初余额										
三、本期增减变动金额（减少以“-”号填列）										
（一）综合收益总额										
（二）所有者投入和减少资本										
1. 所有者投入的普通股										
2. 其他权益工具持有者投入资本										
3. 股份支付计入所有者权益的金额										
4. 其他										
（三）利润分配										
1. 提取盈余公积										
2. 对所有者（或股东）的分配										
3. 其他										
（四）所有者权益内部结转										
1. 资本公积转增资本（或股本）										
2. 盈余公积转增资本（或股本）										
3. 盈余公积弥补亏损										
4. 设定受益计划变动额结转留存收益										
5. 其他综合收益结转留存收益										
6. 其他										
四、本期期末余额										

单位负责人：　　　　财务负责人：　　　　制表人：

参 考 文 献

[1] 中华人民共和国财政部. 企业会计准则 2018[M]. 上海：立信会计出版社，2018.

[2] 中华人民共和国财政部. 企业会计准则应用指南 2018[M]. 上海：立信会计出版社，2018.

[3] 企业会计准则编审委员会. 企业会计准则案例讲解[M]. 上海：立信会计出版社，2018.

[4] 中国注册会计师协会. 会计[M]. 北京：中国财政经济出版社，2018.

[5] 中国注册会计师协会. 税法[M]. 北京：中国财政经济出版社，2018.

[6] 财政部会计资格评价中心. 中级会计实务[M]. 北京：经济科学出版社，2018.

[7] 赵宇. 新编企业出纳实务[M]. 3 版. 南京：南京大学出版社，2018.

[8] 张瑶，李金茹，何小丽. 新编财务会计[M]. 2 版. 北京：电子工业出版社，2016.

[9] 丁增稳，杨应杰. 会计综合实训[M]. 2 版. 北京：高等教育出版社，2016.

尊敬的老师：

您好。

请您认真、完整地填写以下表格的内容(务必填写每一项)，索取相关图书的教学资源。

教学资源索取表

<table>
<tr><td>书 名</td><td colspan="4"></td><td>作者名</td><td></td></tr>
<tr><td>姓 名</td><td colspan="2"></td><td>所在学校</td><td colspan="3"></td></tr>
<tr><td>职 称</td><td colspan="2"></td><td>职 务</td><td></td><td>职 称</td><td></td></tr>
<tr><td rowspan="2">联系方式</td><td>电 话</td><td colspan="2"></td><td>E-mail</td><td colspan="2"></td></tr>
<tr><td>QQ号</td><td colspan="2"></td><td>微信号</td><td colspan="2"></td></tr>
<tr><td colspan="2">地址（含邮编）</td><td colspan="5"></td></tr>
<tr><td colspan="3">贵校已购本教材的数量（本）</td><td colspan="4"></td></tr>
<tr><td colspan="2">所需教学资源</td><td colspan="5"></td></tr>
<tr><td colspan="2">系/院主任姓名</td><td colspan="5"></td></tr>
</table>

系 / 院主任：________________（签字）

（系 / 院办公室公章）

20_____年____月____日

注意：

① 本配套教学资源仅向购买了相关教材的学校老师免费提供。

② 请任课老师认真填写以上信息，并请系 / 院加盖公章，然后传真到（010）80115555 转 718438 索取配套教学资源。也可将加盖公章的文件扫描后，发送到 fservice@126.com 索取教学资源。欢迎各位老师扫码关注我们的微信号和公众号，随时与我们进行沟通和互动。

③ 个人购买的读者，请提供含有书名的购书凭证，如发票、网络交易信息，以及购书地点和本人工作单位来索取。

微信号

公众号

反侵权盗版声明

举报电话：(010)88254396；(010)88258888

传　　真：(010)88254397

E－mail：dbqq@phei.com.cn

通信地址：北京市万寿路 173 信箱

电子工业出版社总编办公室

邮　　编：100036